LO ESENCIAL DEL LENGUAJE MUSICAL

Redbook

Daniel Berrueta / Laura Miranda

LO ESENCIAL DEL LENGUAJE MUSICAL

Las bases fundamentales del análisis musical

MA NON TROPPO

Diseño de cubierta: Regina Richling

Diseño de interior: Alegría Blanc

Ejemplos musicales: Mª José Usúa

ISBN: 978-84-948799-0-6

Depósito legal: B-13.744-2018

Impreso por Sagrafic, Pasaje Carsi, 6 08025 Barcelona

Impreso en España - *Printed in Spain*

AGRADECIMIENTOS

A lo largo de los años han pasado por las clases de Daniel Berrueta muchos alumnos. Sus preguntas y sus dudas han superado los límites físicos del aula y están presentes en este libro. Ante la imposibilidad de nombrarlos uno a uno, los autores desean agradecerles su apoyo y su interés en esta publicación.

Asimismo, el profesor Berrueta expresa su agradecimiento:

A mis padres, por el gran amor a la música que me inculcaron, que ha formado parte inseparable de mi posterior desarrollo personal y profesional.

A mi esposa María José, por su apoyo y dedicación compartida a la música.

ÍNDICE

Tema 3. Compases

Tema 4. Escalas y Tonalidades (II)

Tema 5. Escalas y Tonalidades (III)

PROLÓGO

La reforma de las enseñanzas musicales en España ha llevado a reflexionar sobre la necesidad de abordar el estudio sistemático de disciplinas hasta ahora en los márgenes del sistema educativo de la música. Este es el caso de la teoría musical orientada hacia el análisis de la música.

Los autores de este texto, buenos conocedores de los sistemas de enseñanza y estudio de estas disciplinas en el contexto internacional, han sistematizado, en esta obra, el estudio de los elementos teóricos necesarios para el abordaje adecuado del análisis musical, aspecto fundamental en la formación integral del músico. A lo largo de 13 temas, la obra presenta y revisa los elementos fundamentales de la estructura musical –ritmo, melodía y armonía–, dedicando los capítulos, respectivamente, a los intervalos, las escalas y tonalidades –a los que se dedican tres temas–, los compases y los elementos rítmicos, la modalidad, las series dodecafónicas, los acordes, las cadencias, los instrumentos transpositores, las notas de adorno, y la modulación; incluye también una equivalencia de términos musicales en distintos idiomas, y un vocabulario terminológico, aportando una síntesis para un comentario analítico y para la audición.

El libro es fruto de la experiencia acumulada a lo largo del tiempo por los autores en la enseñanza de la música; ello les ha permitido elaborar un texto eminentemente práctico, útil para el autoaprendizaje, y seleccionar los ejemplos adecuados.

El profesor y compositor Daniel Berrueta ha dedicado gran parte de su actividad profesional a enseñar armonía, teoría y análisis a muchos jóvenes asturianos durante los ya muchos años en los que ha impartido sus enseñanzas en Asturias, y a otros muchos de todo el mundo a través de diversos cursos y recursos virtuales. La Dra.

Laura Miranda, discípula en su momento del profesor Berrueta, Licenciada y Doctora en Historia y Ciencias de la Música, es en la actualidad profesora del Área de Música del Departamento de Historia del Arte y Musicología de la Universidad de Oviedo.

El libro se dirige tanto a estudiantes de análisis musical de Musicología o de Conservatorios de Música, como a profesores de música que en un momento dado pueden necesitar repasar o reafirmar algunos conceptos o cuestiones de la teoría y el análisis musical. Su carácter abierto, al permitir fijar la atención en aspectos diversos dentro de cada tema abordado, lo convierte así en una herramienta de indudable utilidad.

Estamos convencidos de que este trabajo contribuirá a mejorar el estudio de la teoría musical relacionada con el análisis musical, ayudando a convertir al estudiante y al profesor interesado en un receptor cualificado de la música que interprete y analice, con una atención intelectiva que, gracias al trabajo desarrollado en este método, le permita reconocer estructuras y sistemas sonoros cuyo conocimiento resulta imprescindible para la formación de todo músico.

DR. RAMÓN SOBRINO
Catedrático de Musicología.
Universidad de Oviedo

A MODO DE INTRODUCCIÓN

Este volumen presenta información sistemática como ayuda a aquellas personas que, aun disponiendo de conocimientos básicos y/o medios sobre teoría musical, necesitan respuestas idóneas a intereses concretos. Hemos procurado realizar un trabajo compilatorio de los principales aspectos de la valoración musical, trabajo que se complementa con material estructurado para profundizar con plenitud en la comprensión de todos y cada uno de sus factores mensurales.

La incursión de los autores en este terreno responde a una necesidad imperiosa de clarificar cuestiones fundamentales previas al análisis musical. A lo largo de los años hemos observado grandes carencias por parte del alumnado en cuestiones básicas que les ha llevado a un sinfín de clases "particulares" para poder superar con éxito esta asignatura en conservatorios y universidades. En general, los alumnos se encuentran inmersos en vaguedades estudiadas en lejanos años de solfeo (hoy *lenguaje musical*), sin posibilidad de contrastar la razón de numerosas cuestiones en sus clases "oficiales". Los alumnos que se acercan a los estudios de Historia y Ciencias de la Música en nuestro país lo hacen en muchos casos sin conocimientos musicales previos. En la mayoría de los casos, provienen de un bachillerato artístico; con algo de suerte, de un Grado de Maestro en Educación Primaria con Mención en Música; y, con mucha suerte, de un Grado Medio de conservatorio. Son pocos los alumnos que se acercan al análisis musical con una sólida base analítica.

El papel de los profesores de análisis no deja de ser menos preocupante. En muchos casos dedican interminables horas de estudio a seleccionar materiales para sus clases y no cuentan con materiales de apoyo que sirvan de ayuda y estímulo a sus alumnos, sobre todo en los primeros años. Los alumnos suelen sentirse perdidos en sus clases y requieren apoyo constante por parte del docente, lo que conlleva muchas horas de tutorías y trabajos guiados.

Por todo ello, hemos decidido escribir el siguiente documento, que esperamos sea una guía que ayude a comprender las estructuras del lenguaje musical, y que se adecúe tanto a los niveles de conservatorio como a los de universidad. Hemos incluido materiales de diversas áreas de estudio, desde niveles básicos de lenguaje musical, como intervalos, acordes y escalas, hasta llegar al dodecafonismo o al transporte musical. Con todo ello, deseamos colaborar en la rescisión del miedo con que los alumnos suelen acercarse al análisis musical, puesto que consideramos que en la mayoría de los casos esto ocurre por desconocimiento de estadios anteriores al enfrentamiento con la propia partitura.

El siguiente material no es definitivo, no pretende serlo. El estudio detallado debe ser efectuado en el aula, aplicando casos concretos que ejemplifiquen todos y cada uno de los temas aquí tratados.

Ante el documento analítico, llegaremos a sentirnos incapaces de abarcar este mundo musical. Es imperioso mostrar un carácter sereno y la disponibilidad de *tiempo* para llevar a cabo un análisis que disfrute de aportaciones concretas y transmisiones de datos, para beneficio de autores, de intérpretes y de estudiosos de la materia en general. Esperamos que la presente propuesta constituya una aportación práctica para la mejor comprensión y claridad en torno a la medida musical, inseparable del ritmo, de la melodía y de la armonía.

LOS AUTORES

1

INTERVALOS

En el sistema musical, las 7 notas naturales: do, re, mi, fa, sol, la y si, están distanciadas por 1 tono, excepto mi-fa y si-do, separadas por un semitono (medio tono), la distancia mínima que existe entre 2 sonidos.

1.- El intervalo: definición

El término **intervalo** define la distancia entre dos sonidos, incluyendo el grave y el agudo, y se nombra numéricamente. Cada intervalo tiene diversas características:

■ **Ascendente o descendente (asc. o desc.)**

El intervalo es ascendente cuando se mide del sonido grave al agudo, y descendente cuando se mide del sonido agudo al grave:

Ascendente Descendente

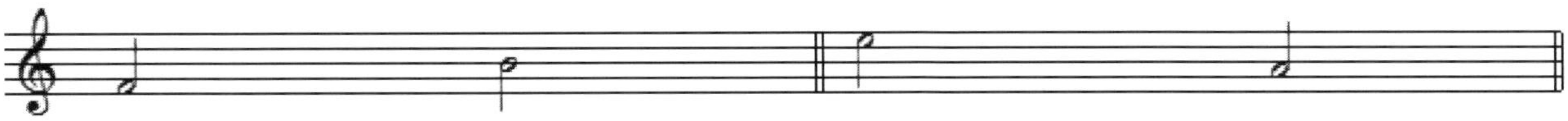

4ª ascendente: fa-si (fa-sol-la-si) 5ª descendente: mi-la (mi-re-do-si-la)

■ **Conjunto o disjunto (conj. o disj.)**

El intervalo es conjunto cuando los sonidos son grados inmediatos, no están separados más de 1 tono. Disjunto en los demás casos:

Conjunto Disjunto

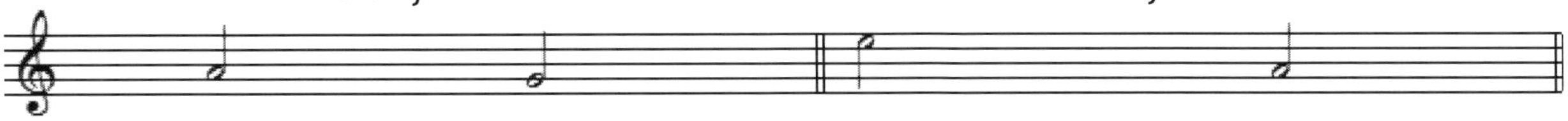

Separado por 1 tono Separado por 3 tonos y 1 semitono

■ Armónico o melódico (arm. o mel.)

Son armónicos si los dos sonidos que lo forman se interpretan de forma simultánea, y melódicos cuando un sonido sucede a otro. Los intervalos armónicos no son ascendentes ni descendentes:

Armónico Melódico

Las 2 notas suenan simultáneamente Ambas notas suenan sucesivamente

■ Simple o compuesto (s.o c.)

El intervalo simple se desarrolla entre la 1ª y la 8ª inclusive; el intervalo compuesto abarca desde la 9ª en adelante:

Simple Compuesto

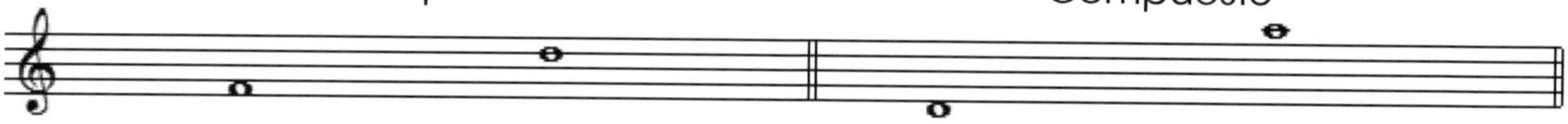

No excede la 8ª Sobrepasa la 8ª

Un intervalo simple puede transformarse en compuesto agregando 7 notas al intervalo inicial:

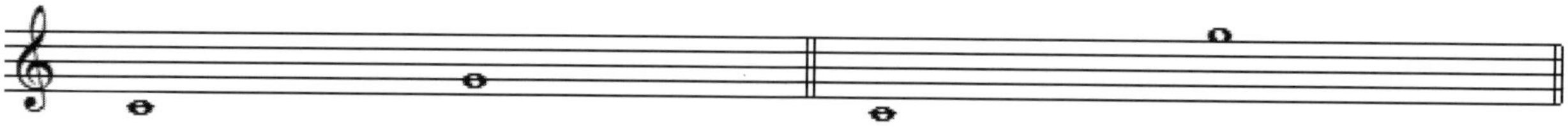

(Partiendo de sol: la-si-do-re-mi-fa-sol, 7 notas)

Un intervalo compuesto se reduce a simple restando tantas veces como sea necesario la cifra 7 (7 notas). Conlleva igual calificación (mayor, menor o justo) que el intervalo simple que lo origina.

■ Consonante o disonante (cons. o dis.)[1]

Los intervalos se miden por la cantidad de tonos y semitonos que hay entre ambos sonidos, diferenciando asimismo entre semitonos diatónicos y semitonos cromáticos.

---

[1] Véase 1.4.

Llamamos semitono diatónico a la mínima distancia entre dos sonidos de diferentes nombres: do-re♭; fa#sol; mi-fa. Se aplica como regla mnemotécnica el prefijo di, es decir, distinto o diferente.

Los semitonos cromáticos tienen en común el mismo nombre, pero con una o sus dos notas alteradas. Ejemplos: la-la♯, fa-fa♭, si♭-si♭♭. En este caso utilizamos el término cromo, o sea, color.

Un semitono diatónico más un semitono cromático forman un tono:

SOL-LA (sol-sol♯ = s.cromático; sol♯-la= s.diatónico)

Un semitono cromático es una 1ª aumentada: sol-sol♯.

Dos semitonos cromáticos conjuntos forman una 1ª doble aumentada: sol♭-sol♯.

Dos semitonos diatónicos conjuntos forman una 3ª disminuida: do-mi♭♭ (do-re♭-mi♭♭).

Los intervalos se diferencian:

- **Con numéricos:** 1ª, 2ª, 3ª, etc. según el número de notas que contienen.
- **Con calificativos:** mayor **(M)**, menor **(m)**, justa **(j)**, disminuida **(dism)**, aumentada **(aum)**, según los tonos y semitonos que lo conforman. Existen también las calificaciones de doble aumentada **(da),** y doble disminuida **(dd)**.

Intervalo numérico: de 4ª — Calificativo: 4ª justa (2T y 1S)

Los intervalos pueden ser mayores, menores, aumentados y disminuidos. El menor tiene 1 s.c. menos que el mayor. El disminuido 1 s.c. menos que el menor. El aumentado 1 s.c. más que el mayor. Los intervalos justos pueden ser aumentados y disminuidos (nunca mayores o menores).

Para su mejor comprensión, véase el siguiente ejemplo:

3ª mayor — 3ª menor — 3ª disminuida — 3ª aumentada

2 tonos — 1 tono y 1 semitono — 1 tono — 2 tonos y 1 semitono

4ª justa — 4ª aumentada — 4ª disminuida

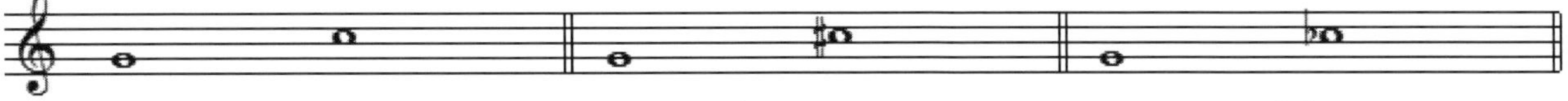

2 tonos y 1 semitono — 3 tonos — 2 tonos

Interv	d. dism	dism	m	M	J	Aum	d. Aum
1ª →					✓	✓	✓
2ª →		✓	✓	✓			✓
3ª →	✓	✓	✓	✓			✓
4ª →	✓	✓			✓	✓	✓
5ª →	✓	✓			✓	✓	✓
6ª →	✓	✓	✓	✓		✓	✓
7ª →	✓	✓	✓	✓		✓	✓
8ª →	✓	✓			✓	✓	✓

Figura 1.1. Distintas calificaciones de los intervalos, en blanco los inexistentes

2.- Calificaciones interválicas

Un intervalo se define por el total de tonos, semitonos diatónicos y/o cromáticos:

Intervalo:	Tonos:	½ diatónicos:	½ cromáticos:	Equivalencia:
1ª Justa				***Unísono***
1ª Aumentada			1	
2ª disminuída				***Enarmonía***
2ª menor		1		
2ª Mayor	1			**1 T**
2ª Aumentada	1		+1	

3ª disminuída		2		
3ª menor	1	+1		
3ª Mayor	**2**			**2 T**
3ª Aumentada	2		+1	
4ª disminuída	1	+2		
4ª Justa	**2**	+1		
4ª Aumentada [2]	2	+1	+1	**3 T**
5ª disminuída	2	+2		
5ª Justa	**3**	+1		
5ª Aumentada [3]	3	+1	+1	**4 T**
6ª disminuída	2	+3		
6ª menor	3	+2		
6ª Mayor	**4**	+1		
6ª Aumentada	4	+1	+1	**5 T**
7ª disminuída	3	3		
7ª menor	4	2		
7ª Mayor	**5**	1		
7ª Aumentada	5	1	+1	**6 T**
8ª disminuída	4	3		
8ª Justa =	**5**	2		
8ª Aumentada	5	2	+1	**6 T + ½ diat.**
	6	1		

Figura 1.2. Tonos, semitonos diatónicos y/o cromáticos de los intervalos simples

[2] Tritono: diabolus in musica (el diablo en la música).

[3] 5ª Aum = quinta del lobo (onomatopeya de su aullido).

Los intervalos doble-aumentados se obtienen sumando un semitono cromático a todos los aumentados, mientras que los doble-disminuídos, restando un semitono cromático a cada intervalo disminuido. Ejemplos:

Sol-la♯ (2ª aumentada) – sol-la𝄪 (2ª doble-aumentada).
Sol♯-si♭ (3ª disminuida) – sol♯-si𝄫 (3ª doble-disminuida).

Si la escritura de un intervalo tiene dirección contraria a la de su sonido (sol𝄪-la𝄫), se mide de igual forma que el resto de intervalos y se designa como intervalo absurdo.

3.- Inversión de intervalos

Todos los intervalos se pueden invertir para que un sonido grave pase a ser agudo y viceversa.

La inversión se practica elevando el sonido grave una 8ª más aguda o rebajando el sonido agudo una 8ª más grave en relación al sonido fundamental.

La suma del intervalo original más su inversión suma siempre la cifra 9 y su resultado es:

1	2	3	4	5	6	7	8
8	7	6	5	4	3	2	1

9

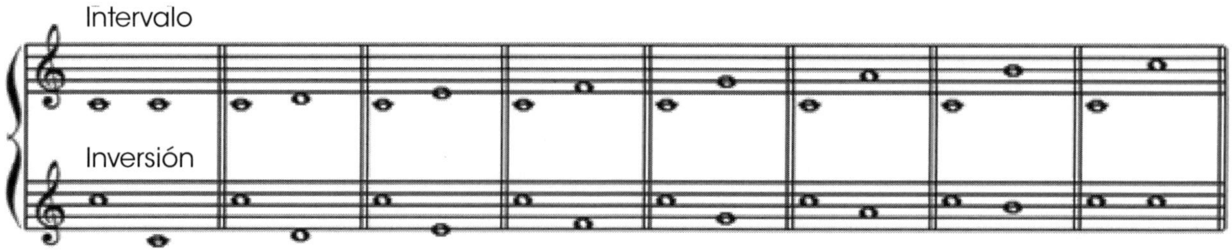

Por la inversión, los intervalos se modifican hacia la calificación contraria de la original: los mayores resultan menores; los menores, mayores; los disminuídos aumentados, y los aumentados disminuídos. Solo los intervalos justos permanecen justos. Los doble-aumentados y doble-disminuídos se transforman en intervalos de calificación inversa.

Cuando la inversión de un intervalo no cambia su calificación (simple en simple o compuesto en compuesto) se conoce como inversión **rigurosa**. Si cambia la calificación, la inversión resultante es **libre**.

La 1ª disminuida (inversión de la 8ª aumentada) no aparece en la tabla, no es posible reducir una distancia inexistente.

La 7ª aumentada es un intervalo teórico porque su audición (solo en el sistema temperado) nos ofrece una 8ª justa.

La 4ª aumentada y su inversión, 5ª disminuida, constituyen la mitad exacta de una escala diatónica. Entre la I y su 8ª superior, hay 12 semitonos o 6 tonos enteros, se denominan consonancias atractivas precisamente por su inversión.

4.- Los intervalos pueden ser consonantes o disonantes

El término consonante define reposo, relajación. El término disonante, por el contrario, conlleva inestabilidad, tensión. En música se utilizan ambos: disonancias creando tensiones o movimiento que se resuelven en consonancias, transmitiendo seguridad, tranquilidad.

Intervalos consonantes son 8ª justa y 5ª justa, calificadas como consonancias perfectas. Consonancias imperfectas son 3ª y 6ª mayores y menores. La 4ª justa se considera consonancia mixta por ser inversión de la 5ª justa, algunos teóricos la incluyen también como perfecta. Los intervalos de 4ª aum. y 5ª dism. se califican como consonancias atractivas (uno es inversión del otro). Los restantes intervalos son considerados **disonantes**.

Otra teoría de calificaciones cita:

- Consonancias invariables, 4ª, 5ª, y 8ª justas (intervalos tonales).
- Consonancias variables, 3ª y 6ª mayores y menores (intervalos modales).
- Consonancias neutras, la 4ª aum. y la 5ª dism.
- Como disonancias absolutas o diatónicas, 2ª y 7ª mayores y menores.
- Disonancias condicionales o cromáticas, todos los intervalos aumentados, disminuídos, doble-aumentados y doble-disminuídos.

La denominación aumentada de la 4ª fa-si, intervalo natural entre los grados IV y VII en Do, y entre VI y II de la menor, que llama disminuida a la 5ª si-fa (inversión de los anteriores grados), es absurda.

Aumentar significa ensanchar y disminuir lo contrario: no aumentan ni disminuyen 4ª ni 5ª, formadas solo por sonidos **naturales**. Son intervalos absolutamente **diatónicos**.

	Cuartas:				**Quintas:**		
	Justa		Aumentada		Justa		disminuida
4ª	Menor	4ª	Mayor	5ª	Mayor	5ª	diminuta
	Perfecta		Tritono		Deficiente		menor
			Excedente				falsa

Figura 1.3. Nomenclatura de los intervalos de 4ª y 5ª

2ª menor:	semitono o hemitono
2ª mayor:	Tono
3ª menor	semiditono o semitono con tono
3ª mayor	Ditono
4ª justa o menor	Diatesarón
4ª aumentada o mayor:	Tritono
5ª disminuida o menor:	5ª falsa o diapente
5ª justa o mayor:	Diapente
6ª menor:	semitono con diapente
6ª mayor:	tono con diapente
7ª menor	semiditono con diapente
7ª mayor:	7ditono con diapente
8ª justa:	diapasón, o diapente con diatesarón

Figura 1.4. Antiguos nombres de intervalos formados con sonidos naturales[4]

5.- Quintas en más y en menos[5]

En el sistema de quintas, los intervalos no se denominan por su calificación (3ª mayor, 6ª menor, 4ª justa…), sino que se determinan por la cantidad de 5ª justas que hay que recorrer para llegar de un sonido al otro:

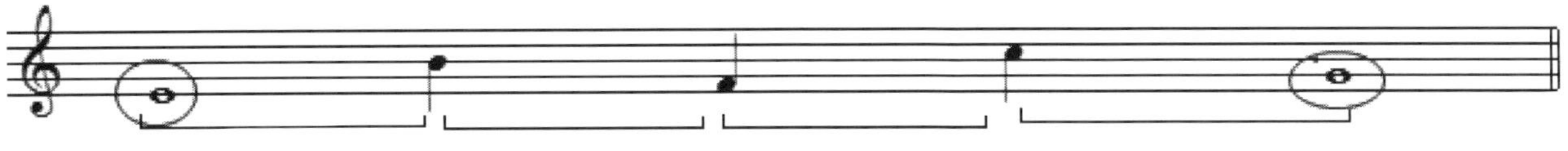

[4] Los vocablos semi y hemi son equivalentes en todos los casos.

[5] Más información en pp. 27, 47 y 97.

En este ejemplo, para recorrer mi-sol, existen 4 quintas en más:

- **1:** mi-fa-sol-la-si.
- **2:** si-do-re-mi-fa.
- **3:** fa-sol-la-si-do.
- **4:** do-re-mi-fa-sol.
- Los intervalos de 4º descendente corresponden al de 5ª ascendente.

Las quintas justas se pueden relacionar con las diferencias existentes en las armaduras de clave, sistema empleado en la transposición. P. ej.:

- Entre Re M y Mi M, hay 1 tono

- Ese tono separa dos quintas justas en el campo de las tonalidades para ambos modos

- Entre Re Mayor (fa♯ y do♯ en la armadura) y Mi Mayor (fa♯, do♯, sol♯ y re♯ en la armadura) ha sido necesario subir dos quintas justas (de do♯ a sol♯ y de sol♯ a re♯).

Las siguientes tablas representan las quintas **en más** o **en menos** solo para intervalos ascendentes. En los descendentes, hay que invertir los signos: más (+) por menos (-) o menos (-) por más (+).

Los intervalos ascendentes mayores, aumentados y doble-aumentados, se forman por 5ªˢ en más. Los ascendentes menores, disminuidos y doble-disminuidos integrados por 5ªˢ en menos.

La siguiente tabla define los intervalos en orden creciente: los disminuidos y menores tienen 5ªˢ en menos; y mayores y aumentados, 5ªˢ en más. La excepción son los intervalos justos, donde la 4ª justa es de una 5ª en menos, y la 5ª justa contiene una 5ª en más:

	Intervalo	5ª en +	5ª en -
1ª	1ª J	0	0
	1ª A	+7	-7
2ª	2ª d		-12
	2ª m		-5
	2ª M	+2	
	2ª A	+9	
3ª	3ª d		-10
	3ª m		-3
	3ª M	+4	
	3ª A	+11	
4ª	4ª d		-8
	4ª J		-1
	4ª A	+6	

	Intervalo	5ª en +	5ª en -
5ª	5ª d	-6	
	5ª J	+1	
	5ª A	+8	
6ª	6ª d		-11
	6ª m		-4
	6ª M	+3	
	6ª A	+10	
7ª	7ª d		-9
	7ª m		-2
	7ª M	+5	
	7ª A	+12	
8ª	8ª d	-7	
	8ª J	0	0
	8ª A	+7	

Figura 1.5. Intervalos en orden creciente

5ª en +	Intervalo	5ª en +	Intervalo	5ª en -	Intervalo	5ª en -	Intervalo
+1	5ª J	+13	4ª DA	-1	4ª J	-13	5ª dd
+2	2ª M	+14	1ª DA	-2	7ª m	-14	8ª dd
+3	6ª M	+15	5ª DA	-3	3ª m	-15	4ª dd
+4	3ª M	+16	2ª DA	-4	6ª m	-16	7ª dd
+5	7ª M			-5	2ª m		
+6	4ª A			-6	5ª d		
+7	8ª A			-7	8ª d		
+8	5ª A			-8	4ª d		
+9	2ª A			-9	7ª d		
+10	6ª A			-10	3ª d		
+11	3ª A			-11	6ª d		
+12	7ª A			-12	2ª d		

Figura 1.6. Quintas en más y en menos con sus resultados

2ª M	+2
3ª M	+4
6ª M	+3
7ª M	+5
5ª J	+1
2ª A	+9
3ª A	+11
4ª A	+6
5ª A	+8
6ª A	+10
7ª A	+12
8ª A	+7

2ª m	-5
3ª m	-3
6ª m	-4
7ª m	-2
4ª J	-1
2ª d	-12
3ª d	-10
4ª d	-8
5ª d	-6
6ª d	-11
7ª d	-9
8ª d	-7

Figura 1.7. Intervalos mayores y aumentados en la columna izquierda, intervalos menores y disminuídos en la columna derecha (4ª J y 5ª J incluidas)

Quintas en más:

2ª M, 3ª M, 6ª M, 7ª M, 5ª J y todos los aumentados de 2ª a 8ª.

Quintas en menos:

2ª m, 3ª m, 6ª m, 7ª m, 4ª J y todos los disminuidos de 2ª a 8ª.

1	**2**	**3**	**4**	**5**
Afinación del **transpositor**	Afinación respecto a **Do**	Intervalo de **lectura**	Intervalo de **escritura**	Clave de **lectura**
Mi♭	3 quintas -	3ª m asc	3ª m desc	Fa **4ª**
Re	2 quintas +	2ª M asc	2ª M desc	Do **3ª**
Do	**0**	**0**	**0**	**Sol**
Si	5 quintas +	2ª m desc	2ª m asc	Do **4ª**
Si♭	2 quintas -	2ª M desc	2ª M asc	Do **4ª**
La	3 quintas +	3ª m desc	3ª m asc	Do **1ª**
Sol	1 quinta +	5ª J asc	5ª J desc	Fa **3ª**
Fa	1 quinta -	5ª J desc	5ª J asc	Do **2ª**

Figura 1.8. Transpositores e interpretación de su lectura respecto a sonidos reales

6.- Serie general de quintas[6]

Es la sucesión de **30** intervalos de **5ª** justa ascendentes, desde **sol♭♭** hasta **la**×. Son **31** los sonidos utilizados en la escritura musical que, por razones enarmónicas, se reducen a **12** con objeto de simplificar escritura, ejecución y comprensión.

Partiendo de la tonalidad de Do M y ascendiendo por quintas justas, se forman las tonalidades con sostenidos en su armadura. Partiendo de Do M, empleando quintas justas descendentes, las nuevas tonalidades contienen bemoles.

Modo mayor	Relativo menor	Alterac. **en más**	Alterac. **en menos**	**Modo mayor**	Relativo menor
DO	La	0			
SOL	Mi	1 ♯			
RE	Si	2 ♯			
LA	Fa ♯	3 ♯			
MI	Do ♯	4 ♯			
SI	Sol ♯	5 ♯	7 ♭	**DO** ♭	La ♭
FA ♯	Re ♯	6 ♯	6 ♭	**SOL** ♭	Mi ♭
DO ♯	La ♯	7 ♯	5 ♭	**RE** ♭	Si ♭
			4 ♭	**LA** ♭	Fa
			3 ♭	**MI** ♭	Do
			2 ♭	**SI** ♭	Sol
			1 ♭	**Fa**	Re

Figura 1.9. Cuadro de tonalidades con sus alteraciones en más y en menos[7]

[6] Más información en pp. 47 y 97.

[7] Resaltadas en la tabla las tonalidades enarmónicas: Si-Do♭; Fa♯-Sol♭; Do♯-Re♭.

En cuanto a la disposición de las alteraciones en el pentagrama, se alternan la 5ª justa ascendente con la 4ª justa descendente, para evitar una eventual escritura fuera de los límites de la pauta. No interesan los índices de altura. Se leen de izquierda a derecha y en sentido descendente-ascendente o ascendente-descendente:

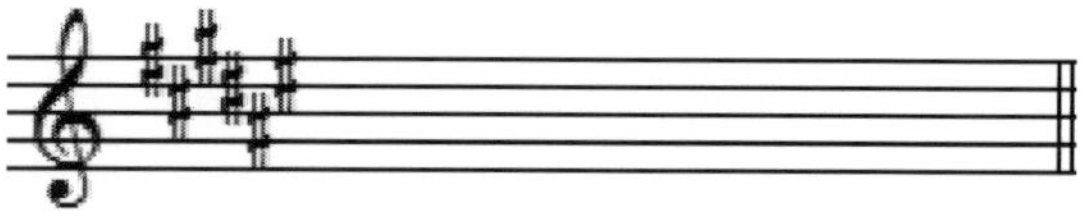

fa-do (4ª desc.); do-sol (5ª asc.); sol-re (4ª desc.)...

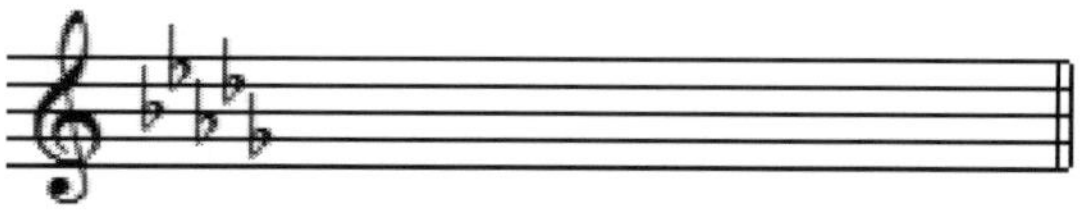

si-mi (4ª asc.); mi-la (5ª desc.); la-re (4ª asc.)...

Los saltos (p. ej., de ♭♭ a ♭) cuando encadenan 5ª justas, producen la quinta disminuida si-fa. Es necesario elevar el segundo sonido o rebajar el primero, a distancia de un semitono cromático, para mantener la simetría. Por este motivo, ninguna tabla presenta la 8º justa, por no tener semitonos cromáticos.

Los intervalos de 1ª aumentada contienen 7 quintas; los de 1ª doble aumentada, 14 quintas; para los intervalos ascendentes, resultan 5as en más (+); descendentes, resultarán 5as en menos (-).

Con un intervalo de 3ª mayor se accede por **enarmonía** a dos conversiones muy curiosas en el ámbito teórico:

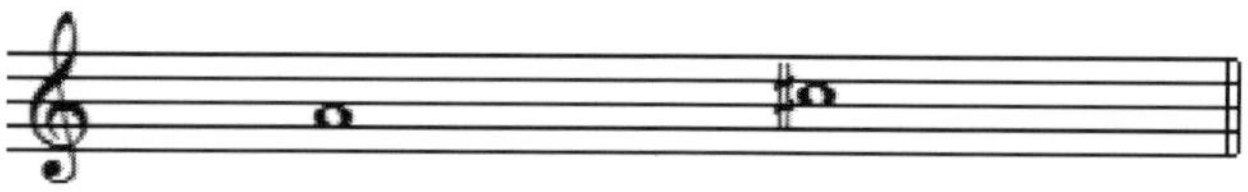

■ Con cinco sonidos en sucesión cromática, se logra un intervalo de 1ª cuádruple aumentada:

■ Con cinco sonidos en sucesión diatónica, se obtiene el intervalo de 5ª triple disminuida:

2

ESCALAS Y TONALIDADES (I)

7.- Definición: escala

Una **escala** es la sucesión de sonidos dispuestos en movimiento conjunto.

Es una serie de 8 sonidos correlativos que comienza y finaliza en la misma nota, esta última una octava más aguda. Puede partir de cualquier sonido, pero la iniciamos en la nota **do** como modelo fácil y punto de referencia de todas las tonalidades.

La primera escala será entonces la de **Do Mayor**, o solo Do. Sus notas, por consiguiente serán: do, re, mi, fa, sol, la, si, do.

Cada nota o sonido de una escala se llama **grado**, y recibe un nombre vinculado a la función que desempeña en la propia escala:

1°	I =	**Tónica (T)** da su nombre a la escala o a la tonalidad
2°	II =	**Supertónica (ST)** encima de la tónica
3°	III =	**Mediante modal (Mm)** expone el modo mayor o menor de la escala
4°	IV =	**Sub-dominante (sD)** bajo la dominante
5°	V =	**Dominante (D)** es la más importante después de la tónica
6°	VI =	**Super-dominante (Sd)** encima de la dominante
7°	VII =	**Sensible (S)** o **Sub-tónica (st)**, a distancia de ½ tono o 1 tono respectivamente
8°	VIII =	**Octava** o tónica: opcional, inicia otra escala igual, más aguda

La relación de nota-grado se explica en este cuadro:

I	II	III	IV	V	VI	VII	VIII
T	ST	Mm	sD	D	Sd	S o St	T

Según la disposición de tonos y semitonos entre las notas, la escala modelo de **Do** está formada de la siguiente forma:

tono	tono	½ tono	tono	tono	tono	½ tono
I – II	II – III	III – IV	IV – V	V - VI	VI-VII	VII – I

Y para la escala de Do o cualquier otra, las distancias entre grados deberán mantener este orden, alterando alguno/s de los grado/s de forma ascendente (♯) o descendente (♭).

Otra referencia importante de las distancias interválicas la constituye el siguiente esquema:

2ª M	3ª M	4ª J	5ª J	6ª M	7ª M	8ª J
I – II	I – III	I – IV	I – V	I - VI	I-VII	I –VIII

8.- La tonalidad

Tonalidad o tono es la organización armónica o melódica de una obra, que contiene los sonidos de una escala determinada. El compositor aplica esos sonidos mediante su inspiración creativa y las leyes tonales que rigen este sistema.

Dentro de la tonalidad, se incluyen tipos de escalas: diatónicas, relativas (mayores, menores), modales, cromáticas, enarmónicas, homónimas, pentáfonas, hexátonas, etc [8].

La tonalidad se determina por la armadura de clave inicial. Posteriores alteraciones accidentales o modificaciones de armaduras determinarán nuevas tonalidades.

9.- La modalidad

Modalidad o modo es el carácter diferente entre dos tonalidades: modo **mayor** o modo **menor**.

Comparando el modo mayor con el modo menor, partiendo del sonido La como tónica de un modo menor (la m o solo la), obtendremos una relación nota-grado:

I	II	III	IV	V	VI	VII	VIII
T	ST	Mm	sD	D	Sd	S o St	T

[8] Más información en páginas subsiguientes.

Según la disposición de tonos y semitonos entre las notas, la escala modelo de la estará formada de la siguiente forma:

Tono	½ tono	tono	Tono	½ tono	Tono	Tono
I – II	II – III	III – IV	IV - V	V - VI	VI-VII	VII – I

Tanto en la escala de la como en cualquier otra escala menor la distribución de las distancias entre grados deberá mantener este orden, que se logra alterando alguno/s de los grado/s de forma ascendente (♯) o descendente (♭).

Otra referencia importante de las distancias interválicas la constituye el siguiente esquema:

2ª M	3ªm	4ª J	5ª J	6ª m	7ª m	8ª J
I – II	I – III	I – IV	I - V	I - VI	I-VII	I –VIII

La diferencia básica entre modo mayor y modo menor, la define el **III** grado, **mediante modal**, que se encuentra a distancia de 3ª M en el modo mayor, y de 3ª menor en el modo menor.

Los grados **VI** y **VII**, llamados erróneamente grados modales, se conocen también como grados **"color"** y determinan el carácter acentuado de la misma tonalidad, pero nunca de la modalidad.

El hecho de escoger como modelo las escalas de **Do** y **la** radica en que ambas escalas utilizan solo sonidos naturales (sin alteraciones).

10.- Tetracordo

Tetracordo. La palabra se forma a partir de **2** palabras griegas: ***tetra*** = cuatro y ***chorde*** = cuerda. Es la sucesión de **4** sonidos conjuntos. La escala diatónica contiene dos tetracordos: el primero se llama inferior y el segundo superior.

Por medio de los tetracordos se genera la formación de nuevas escalas, logrando otras tonalidades. Existen dos sistemas:

■ Transformar el tetracordo **superior** en **inferior** de una nueva escala y agregar un nuevo tetracordo para completarla, respetando las distancias interválicas. Este sistema inicia las tonalidades por ♯ y las alteraciones aparecen en este orden: fa, do, sol, re, la, mi, si:

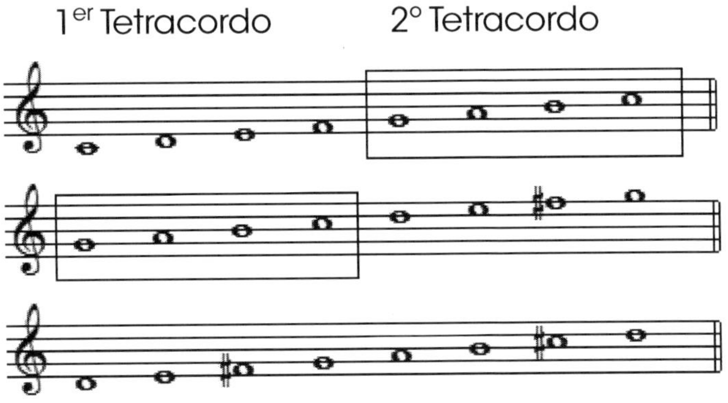

■ Transformar el tetracordo **inferior** en **superior** de una nueva escala, y agregar un nuevo tetracordo para completarla, teniendo en cuenta las distancias interválicas. Este sistema inicia las tonalidades por ♭. Por el contrario, en este caso el orden de los bemoles es: si, mi, la, re, sol, do, fa:

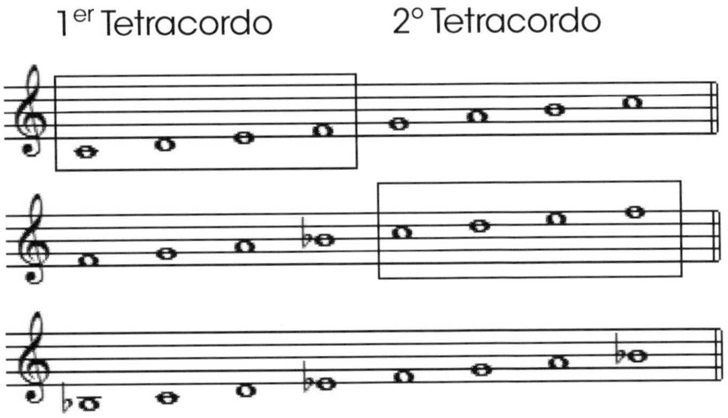

En cada nueva escala es necesaria la presencia o supresión de otras alteraciones para mantener el equilibrio interválico de la escala modelo. Cada traslación de tetracordos necesita aumentar o suprimir alteraciones pertenecientes a la escala anterior.

La primera nota del tetracordo **inferior** es la **tónica** y la primera del tetracordo **superior** es la **dominante**. En la traslación del tetracordo superior a inferior, la dominante de la escala será la tónica en esa nueva escala. Cuando el tetracordo inferior se transforma en superior, la subdominante de la escala se convierte en tónica de la nueva escala.

Los cinco primeros sonidos de la escala forman el **pentacordo** y es la región definitiva de tono y modo porque contiene: la tónica (I), la mediante modal (III) y la dominante (V), sonidos constitutivos de los acordes tríadas mayores y menores.

Las escalas **mayores,** con tetracordos ascendentes y descendentes:

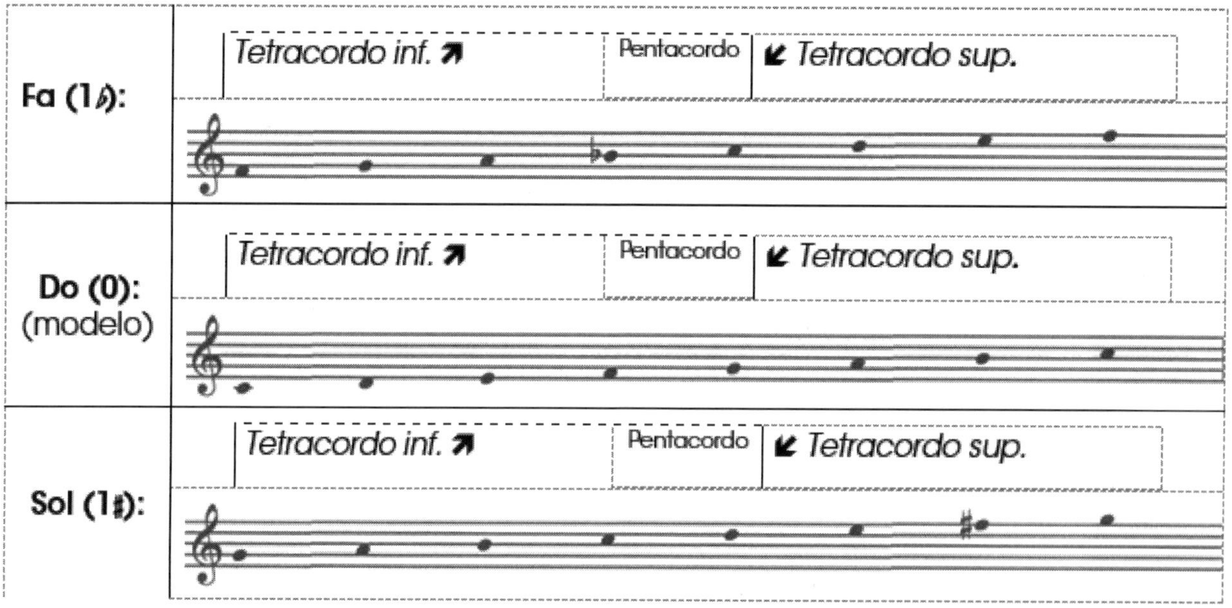

A continuación, podemos apreciar la composición de las escalas **menores**, a través de los tetracordos. Las flechas indican el sentido ascendente y descendente de los tetracordos (♯ y ♭):

11.- Tipos de escalas

Los **tipos de escalas** más utilizados se definen por el movimiento ascendente o descendente de los grados **VI** y **VII**, que afectan al carácter y no al modo ni la tonalidad.

En el modo mayor, las alteraciones tienen que ser descendentes y los tipos son:

- **natural** o **jónica**, con todos los sonidos naturales:

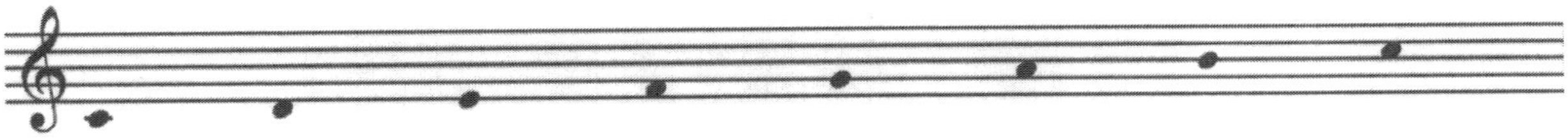

- **armónica**, con el VI grado rebajado:

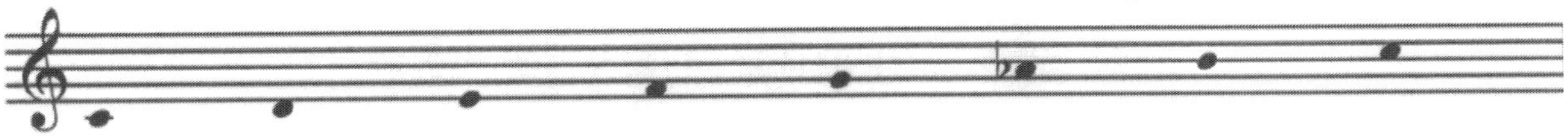

- **melódica**, con el VI y VII rebajados:

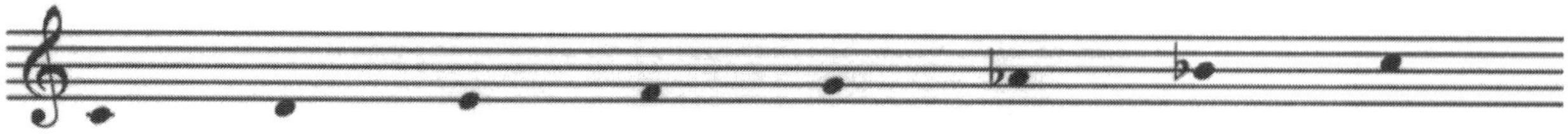

- **mixolidia,** con el VII rebajado:

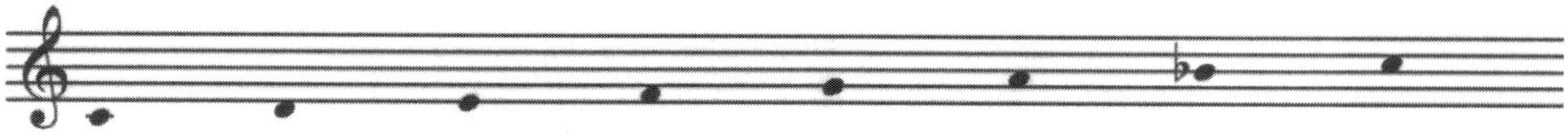

En el modo **menor**, las alteraciones han de ser **ascendentes**, y los tipos son:

- **natural** o **eólica**, con todos los sonidos naturales:

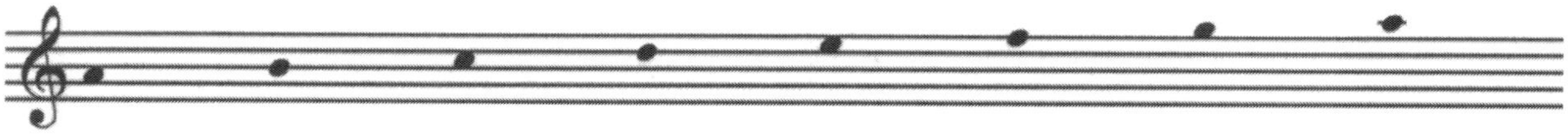

- **armónica**, con el VII grado elevado:

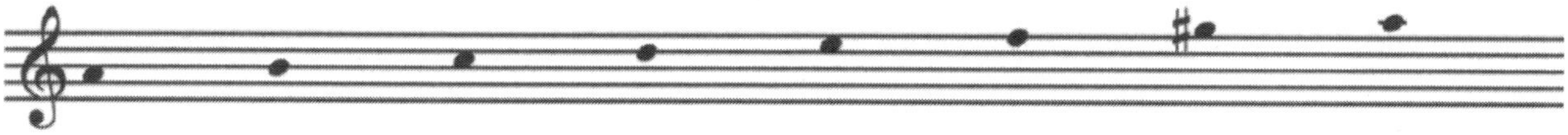

- **melódica**, con el VI y VII elevados:

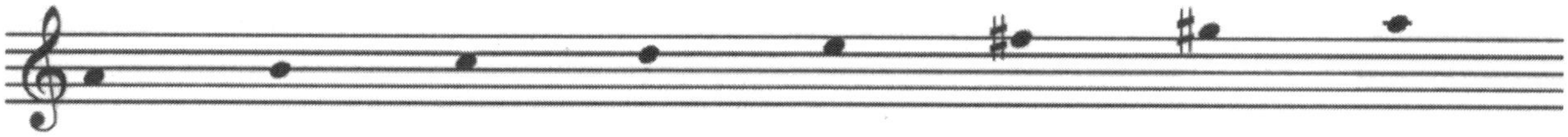

- **dórica**, con el VI elevado:

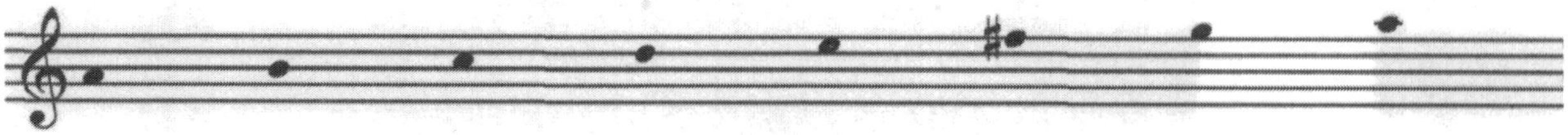

Las denominaciones jónica, mixolidia, eólica (o eolia) y dórica proceden de los modos griegos.

En armonía "tradicional" los compositores utilizan con mayor frecuencia la escala **mayor** del **I** tipo,y la escala **menor** del **II** tipo.

La tonalidad se determina con la armadura de clave y, a su vez, con las alteraciones accidentales que conforman una tonalidad o un cambio de la misma.

Partiendo del sistema establecido para la disposición en 5ª justas ascendentes para los sostenidos (fa do sol re la mi si) y 5ª justas descendentes para los bemoles (si mi la re sol do fa), se conocen las normas para establecer, de forma inequívoca, la tonalidad actual de la obra.

Escalas mayores:	**I tipo:**	**II tipo:**	**III tipo:**	**IV tipo:**
Nombres	**Jónica**[9]	**Armónica**	**Melódica**	**Mixolidia**
de tónica a II	**2ª M**	**2ª M**	**2ª M**	**2ª M**
de tónica a III	**3ª M**	**3ª M**	**3ª M**	**3ª M**
de tónica a IV	**4ª J**	**4ª J**	**4ª J**	**4ª J**
de tónica a V	**5ª J**	**5ª J**	**5ª J**	**5ª J**
de tónica a VI	**6ª M**	**6ª m**	**6ª m**	**6ª M**
de tónica a VII	**7ª M**	**7ª M**	**7ª m**	**7ª m**
de tónica a VIII	**8ª J**	**8ª J**	**8ª J**	**8ª J**

Figura 2.1. Distancias interválicas desde la tónica a cada uno de los grados de las distintas escalas mayores[10]

[9] Normalmente, la más utilizada por los compositores en el modo **mayor**, también se llama natural.

[10] Los resaltados distinguen las diferencias interválicas entre los grados VI y VII para los cuatro modos mayores y los cuatro menores, que afectan la disposición de los acordes en una tabla general.

Escalas menores:	I tipo:	II tipo:	III tipo:	IV tipo:
Nombres	Eólica[11]	Armónica	Melódica	Dórica
de tónica a II	2ª M	2ª M	2ª M	2ª M
de tónica a III	3ª m	3ª m	3ª m	3ª m
de tónica a IV	4ª J	4ª J	4ª J	4ª J
de tónica a V	5ª J	5ª J	5ª J	5ª J
de tónica a VI	6ª m	6ª m	6ª M	6ª M
de tónica a VII	7ª m	7ª M	7ª M	7ª m
de tónica a VIII	8ª J	8ª J	8ª J	8ª J

Figura 2.2. Distancias interválicas desde la tónica a cada uno de los grados de las distintas escalas menores[12]

12.- Escalas relativas

Tonalidades **relativas** o **paralelas** son las que, teniendo igual armadura de clave, pertenecen a los **2** modos diatónicos, mayor y menor. Se diferencian en la distinta disposición de los intervalos:

Do mayor

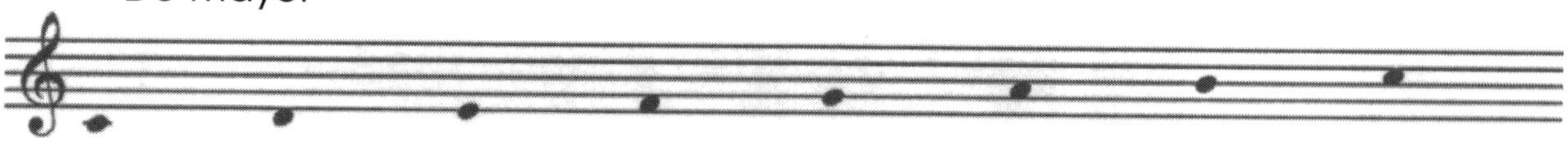

T T S T T T S

[11] Normalmente, la más utilizada por los compositores en el modo **menor**, también se llama natural.

[12] Los resaltados distinguen las diferencias interválicas entre los grados VI y VII para los cuatro modos mayores y los cuatro menores, que afectan la disposición de los acordes en una tabla general.

La menor

T S T T S T T

Para conocer la tonalidad de una obra, existe una sencilla regla:

la tonalidad mayor con ♯:	=	se eleva una **2ª m** del último sostenido de la armadura
la tonalidad mayor con ♭:	=	se baja una **4ª** J del último bemol de la armadura
el relativo menor de un modo mayor:	=	se baja una **3ª m** de la tónica del modo mayor
el modo menor con armadura de ♯:	=	se baja una **2ª M** del último sostenido de la armadura
el modo menor con armadura de ♭:	=	se eleva una **3ª M** del último bemol de la armadura
el relativo mayor del modo menor:	=	se eleva una **3ª m** de la tónica del modo menor

13.- Escalas cromáticas

Escalas cromáticas (chromo, color). Tienen solo semitonos, 12 en total, de los cuales siete son diatónicos y los cinco restantes cromáticos.

Todas las escalas pueden ser transformadas en cromáticas. Para ello, se dividen todos los tonos en 2 semitonos, destacando su sonido intermedio llamado nota cromática. La **nota cromática** se presenta:

- Alteración **ascendente** del sonido grave para pasar de una nota a otra más aguda.

- Alteración **descendente** del sonido agudo para pasar a un sonido más grave.

Con estos procedimientos se obtienen escalas cromáticas en todas las tonalidades. Las notas resultantes (notas cromáticas) son sonidos **enarmónicos**.

Las notas cromáticas, con 5 grados elevados (<) y 5 grados rebajados (>), 10 en total, intercalados entre dos grados separados por un tono, forman las **series cromáticas** que, sumadas a los siete sonidos naturales, totalizan diecisiete sonidos (por la repetición de la I en su 8ª alta) y producen la suma de 16 quintas justas.

Estas series organizan el tipo de cada escala cromática y, por extensión, el género cromático a desarrollar.

En el siguiente esquema aparecen los 6 tipos de escalas de DoM y lam, ordenados de primero a sexto. En mayúsculas, los sonidos diatónicos. En *cursiva* las notas cromáticas rebajadas en la región izquierda, y las elevadas en la región derecha:

FA	DO	SOL	RE	LA	MI	SI	*fa#*	*do#*	*sol#*	*re#*	*la#*
si♭	FA	DO	SOL	RE	LA	MI	SI	*fa#*	*do#*	*sol#*	*re#*
mi♭	*si♭*	FA	DO	SOL	RE	LA	MI	SI	*fa#*	*do#*	*sol#*
la♭	*mi♭*	*si♭*	FA	DO	SOL	RE	LA	MI	SI	*fa#*	*do#*
re♭	*la♭*	*mi♭*	*si♭*	FA	DO	SOL	RE	LA	MI	SI	*fa#*
sol♭	*re♭*	*la♭*	*mi♭*	*si♭*	FA	DO	SOL	RE	LA	MI	SI

Figura 2.3. Escalas de DoM y lam

Se logran así 6 tipos de escalas cromáticas ascendentes y otros 6 tipos descendentes para el modo mayor y/o modo menor, utilizando de forma combinada estos sistemas de tratamiento cromático. La escala cromática más coherente tiene alteraciones ascendentes al subir y descendentes al bajar, manteniendo el orden natural de los sonidos.

Modo mayor

■ Escala cromática ascendente y descendente **primer tipo**:

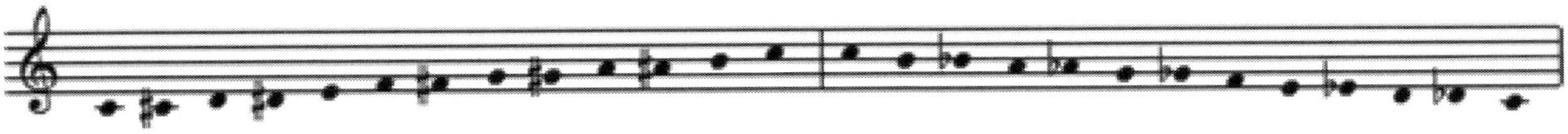

Las notas cromáticas de las dos filas anteriores: do♯, re♯, fa♯, sol♯, la♯, como si♭, la♭, sol♭, mi♭ y re♭, son **enarmónicas** unas de otras. Al colocar las primeras en orden de **5ª** justas ascendentes para el orden de sostenidos, las segundas en orden de **5ª** justas descendentes para el orden de bemoles, y enarmonizando estos órdenes de alteraciones (♯ por ♭ o viceversa) se generan nuevos tipos de escalas cromáticas. La enarmonía de las notas cromáticas da por resultado sonidos rebajados (>) al ascender en unos casos y sonidos elevados (<) al descender en otros, que serán determinantes para el tipo de escala cromática en función.

■ El **segundo tipo** cromático enarmoniza el último sostenido (la♯) de la serie de quintas, que será transformado en el primer bemol (si♭) en sentido ascendente, además del último bemol de las quintas (sol♭) que será, a su vez, el primer sostenido (fa♯) en sentido descendente:

■ El **tercer tipo** se obtiene por enarmonización del penúltimo y último sostenidos en las quintas en sentido ascendente, y enarmonización de último y penúltimo bemoles de la serie en sentido descendente:

■ El **cuarto tipo** enarmoniza los 3 últimos sostenidos en sentido ascendente y los 3 últimos bemoles en sentido descendente:

■ El **quinto tipo** se realiza con enarmonía de las 4 últimas alteraciones y permanece sólo la 1ª de cada serie original en su estado natural:

■ El **sexto** y último **tipo** de escalas cromáticas mayores es posible con enarmonización de los 5 sonidos originales, quedando las notas cromáticas en sentido inverso al escalístico, descendentes si la escala es ascendente y viceversa:

Tradicionalmente, los compositores emplean con mayor frecuencia el **segundo tipo ascendente** y **tercer tipo descendente** en el modo mayor. Con estos sonidos hay sensibles sin sensación de modulación o cambio de tono.

Modo menor

Para la realización de escalas cromáticas en el modo menor se emplea igual sistema que en el modo Mayor. Se logran igualmente **6** tipos, incorporando sostenidos al ascender y bemoles al descender hasta completar la serie de alteraciones contrarias a los movimientos ascendente y descendente.

■ En primer término, se aprecia la cromática del **primer tipo**:

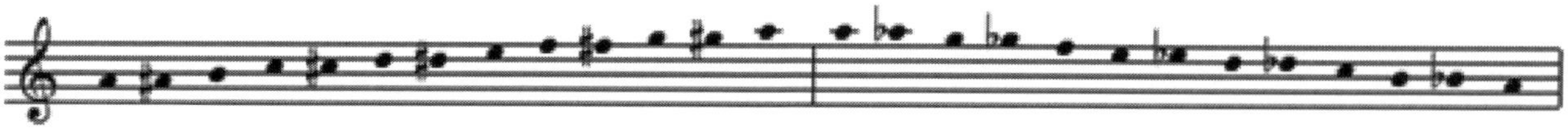

■ A continuación, el **segundo tipo** enarmoniza el II grado al subir y el VI al bajar:

■ En el **tercer tipo** se rebajan II y V en el ascenso y ascienden el III y VI en el descenso:

■ El **cuarto tipo** rebaja II, V y VIII grados al subir y eleva VII, VI y III al bajar:

■ Para el **quinto tipo** se rebajan II, IV, VII y VIII y elevan VII, VI, IV, III y I:

■ Por último, el **sexto tipo** que presenta alteraciones contrarias en ambos sentidos:

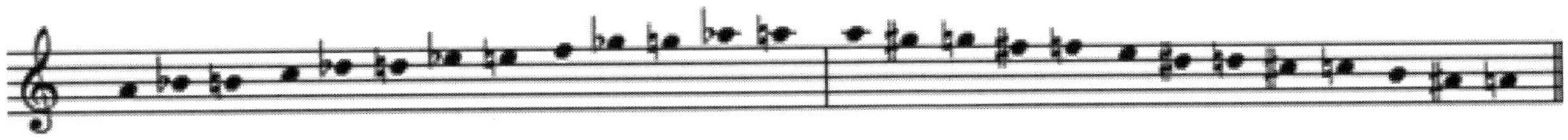

Para el modo menor los compositores acuden con mayor frecuencia al segundo tipo ascendente y tercer tipo descendente, por la misma causa que la indicada para los modos mayores. Según Arnold Schönberg, la escala cromática tiene **479.001.600** posibilidades de construcción[13].

[13] A. Schoenberg (1974). *Armonía*. Real Musical: Madrid, pp. 459-464.

14.- Series de tipo cromático

Las **series de tipo cromático** constan de grados elevados o rebajados intercalados entre dos grados separados por un tono[14]:

Tonalidad	Series diatónicas							Grados elevados				
Do♭-la♭	fa♭	do♭	sol♭	re♭	la♭	mi♭	si♭	*fa*	*do*	*sol*	*re*	*la*
Sol♭-mi♭	do♭	sol♭	re♭	la♭	mi♭	si♭	fa	*do*	*sol*	*re*	*la*	*mi*
Re♭-si♭	sol♭	re♭	la♭	mi♭	si♭	fa	do	*sol*	*re*	*la*	*mi*	*si*
La♭-fa	re♭	la♭	mi♭	si♭	fa	do	sol	*re*	*la*	*mi*	*si*	*fa#*
Mi♭-do	la♭	mi♭	si♭	fa	do	sol	re	*la*	*mi*	*si*	*fa#*	*do#*
Si♭-sol	mi♭	si♭	fa	do	sol	re	la	*mi*	*si*	*fa#*	*do#*	*sol#*
Fa-re	si♭	fa	do	sol	re	la	mi	*si*	*fa#*	*do#*	*sol#*	*re#*
DO-la	fa	do	sol	re	la	mi	si	*fa#*	*do#*	*sol#*	*re#*	*la#*
Sol-mi	do	sol	re	la	mi	si	fa#	*do#*	*sol#*	*re#*	*la#*	*mi#*
Re-si	sol	re	la	mi	si	fa#	do#	*sol#*	*re#*	*la#*	*mi#*	*si#*
La-fa#	re	la	mi	si	fa#	do#	sol#	*re#*	*la#*	*mi#*	*si#*	*fa𝄪*
Mi-do#	la	mi	si	fa#	do#	sol#	re#	*la#*	*mi#*	*si#*	*fa𝄪*	*do𝄪*
Si-sol#	mi	si	fa#	do#	sol#	re#	la#	*mi#*	*si#*	*fa𝄪*	*do𝄪*	*sol𝄪*
Fa#-re#	si	fa#	do#	sol#	re#	la#	mi#	*si#*	*fa𝄪*	*do𝄪*	*sol𝄪*	*re𝄪*
Do#-la#	fa#	do#	sol#	re#	la#	mi#	si#	*fa𝄪*	*do𝄪*	*sol𝄪*	*re𝄪*	*la𝄪*

Figura 2.4. Tonalidades, series diatónicas y grados elevados

[14] La 1ª columna presenta las tonalidades, la 2ª columna, la serie diatónica con 7 sonidos naturales; la 3ª columna ofrece sus 5 grados cromáticos elevados (alterados).

Las series diatónicas se forman por las 7 notas diatónicas, en sucesión de quintas justas ascendentes[15]:

Tonalidad	Series diatónicas							Grados rebajados				
A	B							C				
Do♭ - la♭	fa♭	do♭	sol♭	re♭	la♭	mi♭	si♭	*sol♭♭*	*re♭♭*	*la♭♭*	*mi♭♭*	*Si♭♭*
Sol♭ - mi♭	do♭	sol♭	re♭	la♭	mi♭	si♭	fa	*re♭♭*	*la♭♭*	*mi♭♭*	*si♭♭*	*Fa♭*
Re♭ - si♭	sol♭	re♭	la♭	mi♭	si♭	fa	do	*la♭♭*	*mi♭♭*	*si♭♭*	*fa♭*	*Do♭*
La♭ - fa	re♭	la♭	mi♭	si♭	fa	do	sol	*mi♭♭*	*si♭♭*	*fa♭*	*do♭*	*Sol♭*
Mi♭ - do	la♭	mi♭	Si♭	fa	do	sol	re	*si♭♭*	*fa♭*	*do♭*	*sol♭*	*Re♭*
Si♭ - sol	mi♭	si♭	Fa	do	sol	re	la	*fa♭*	*do♭*	*sol♭*	*re♭*	*La♭*
Fa - re	si♭	fa	Do	sol	re	la	mi	*do♭*	*sol♭*	*reb*	*la♭*	*Mi♭*
Do - la	fa	do	sol	re	la	mi	si	*sol♭*	*re♭*	*lab*	*mi♭*	*Si♭*
Sol - mi	do	sol	re	la	mi	si	fa♯	*re♭*	*la♭*	*mi♭*	*si♭*	*Fa*
Re - si	sol	re	la	mi	si	fa♯	do♯	*la♭*	*mi♭*	*si♭*	*fa*	*Do*
La - fa♯	re	la	mi	si	fa♯	do♯	sol♯	*mi♭*	*si♭*	*fa*	*do*	*Sol*
Mi - do♯	la	mi	si	fa♯	do♯	sol♯	re♯	*si♭*	*fa*	*do*	*sol*	*Re*
Si - sol♯	mi	si	fa♯	do♯	sol♯	re♯	la♯	*fa*	*do*	*sol*	*re*	*La*
Fa♯ - re♯	si	fa♯	do♯	sol♯	re♯	la♯	mi♯	*do*	*sol*	*re*	*la*	*Mi*
Do♯ - la♯	fa♯	do♯	sol♯	re♯	la♯	mi♯	si♯	*sol*	*re*	*la*	*mi*	*Si*

Figura 2.5. Tonalidades, series diatónicas y grados rebajados

[15] La 1ª columna (A) presenta las tonalidades, la 2ª columna (B), la serie diatónica con los 7 sonidos naturales; la 3ª columna (C), sus 5 grados cromáticos rebajados. Destaca la enarmonía de grados elevados y rebajados en ambas tablas (superior e inferior).

La columna central demuestra entre los sonidos 1-3, 3-5, y 5-7, los 3 tonos o las distancias equilibradas de tritonos. Elegimos en la columna tonalidad, Do-la, y con los sonidos antes citados, obtenemos el tritono fa-sol-la-si.

15.- Series integrales unitónicas

Las **series integrales unitónicas:** formadas por notas diatónicas y cromáticas, conforman la serie más completa de la serie diatónica[16]:

Grados rebajados	Tonalidad							Grados elevados
sol♭♭ re♭♭ la♭♭ mi♭♭ si♭♭	fa♭	do♭	sol♭	re♭	la♭	mi♭	si♭	fa do sol re la
re♭♭ la♭♭ mi♭♭ si♭♭ fa♭	do♭	sol♭	re♭	la♭	mi♭	si♭	fa	do sol re la mi
la♭♭ mi♭♭ si♭♭ fa♭ do♭	sol♭	re♭	la♭	mi♭	si♭	fa	do	sol re la mi si
mi♭♭ si♭♭ fa♭ do♭ sol♭	re♭	la♭	mi♭	si♭	fa	do	sol	re la mi si fa#
si♭♭ fa♭ do♭ sol♭ re♭	la♭	mi♭	si♭	fa	do	sol	re	la mi si fa# do#
fa♭ do♭ sol♭ re♭ la♭	mi♭	si♭	fa	do	sol	re	la	mi si fa# do# sol#
do♭ sol♭ re♭ la♭ mi♭	si♭	fa	do	sol	re	la	mi	si fa# do# sol# re#
sol♭ re♭ la♭ mi♭ si♭	fa	do	sol	re	la	mi	si	fa# do# sol# re# la#
re♭ la♭ mi♭ si♭ fa	do	sol	re	la	mi	si	fa#	do# sol# re# la# mi#
la♭ mi♭ si♭ fa do	sol	re	la	mi	si	fa#	do#	sol# re# la# mi# si#
mi♭ si♭ fa do sol	re	la	mi	si	fa#	do#	sol#	re# la# mi# si# fax
si♭ fa do sol re	la	mi	si	fa#	do#	sol#	re#	la# mi# si# fax dox
fa do sol re la	mi	si	fa#	do#	sol#	re#	la#	mi# si# fax dox solx
do sol re la mi	si	fa#	do#	sol#	re#	la#	mi#	si# fax dox solx rex
sol re la mi si	fa#	do#	sol#	re#	la#	mi#	si#	fax dox solx rex lax

Figura 2.6. Series integrales unitónicas

[16] Reúnen a la izquierda los grados rebajados, al centro, las 15 tonalidades; a la derecha, la serie cromática de grados elevados.

16.- Serie general de quintas

Se forma con **31** sonidos o **30 quintas justas** en total. Sus límites utilizan desde sol♭♭ por el extremo izquierdo de la rama de bemoles, hasta el la𝄪 por el extremo derecho de la rama de sostenidos. La técnica que genera esta serie radica en las enarmonías y su interpolación.

La nota sol♭♭ en el polo izquierdo, representa el V rebajado en Do♭ y el VII rebajado en la♭; la nota la𝄪 en el polo derecho, constituye el VI elevado en Do♯ y el I elevado en la♯[17]:

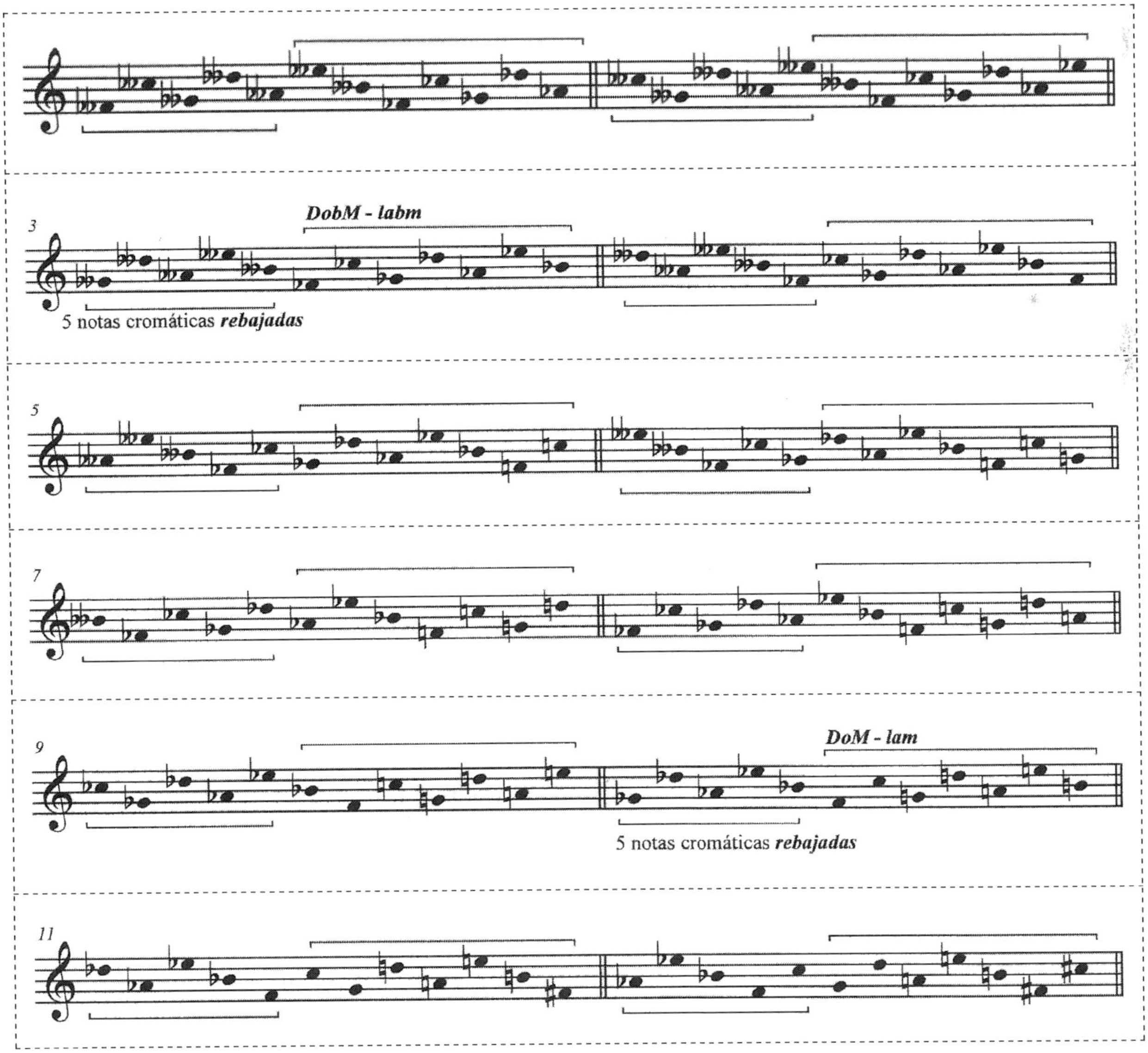

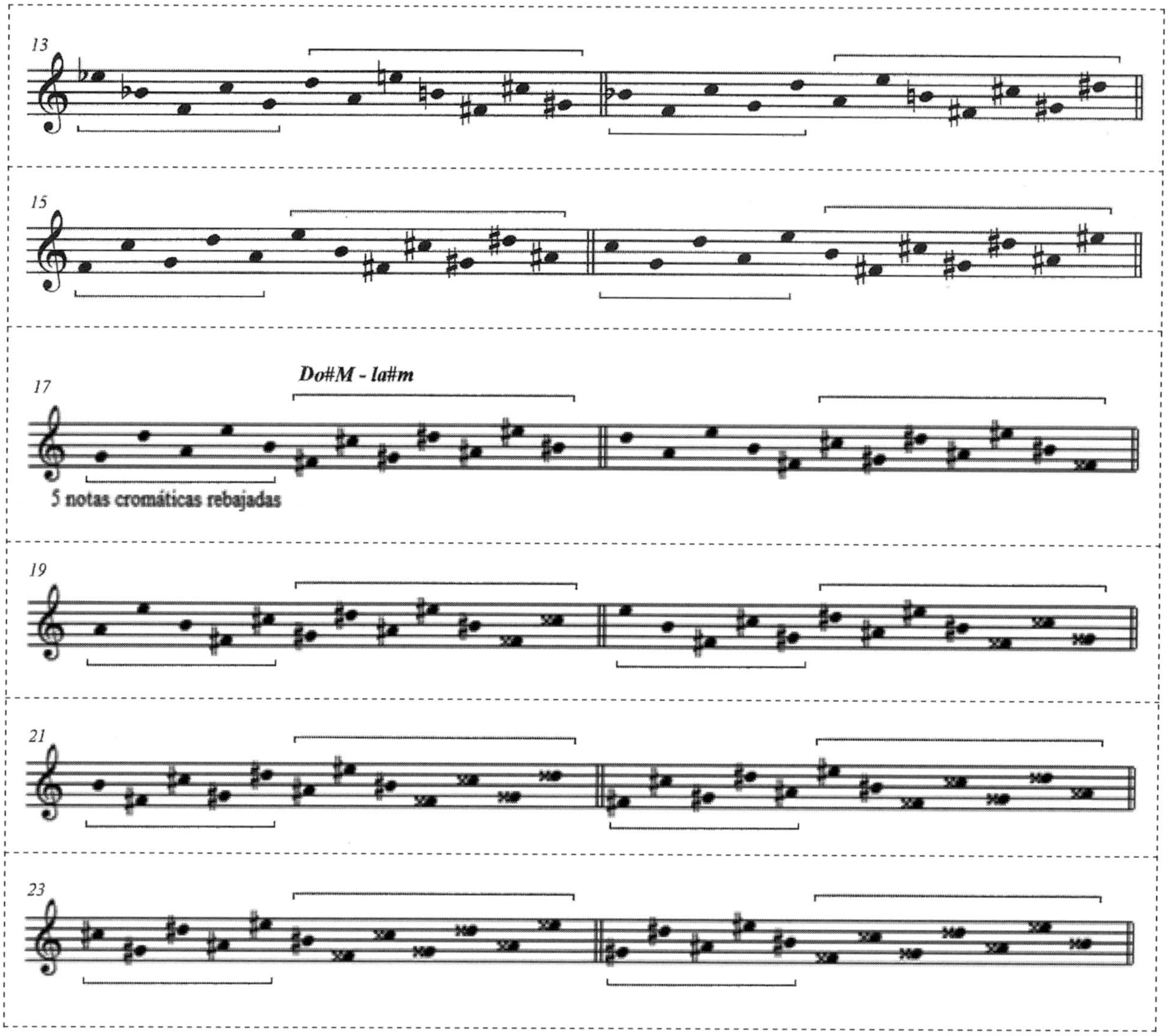

17.- Escalas modales

Derivadas del medievo y muy utilizadas en Impresionismo y siglo XX, solo utilizan sonidos **naturales**.

---

[17] Más información en p. 97.

Tienen como punto de partida las siete notas de la escala diatónica. Sus nombres: Do, jónica; Re, dórica (o ***doria***); Mi, frigia; Fa, lidia; Sol, mixolidia; La, eolia o (***eólica***) y Si, locria. Tras su presentación (los 7 sonidos naturales), apreciamos la transposición desde la tónica Do:

Estas escalas pueden ser transportadas a todas las tonalidades y expresan una sonoridad diferente a la proporcionada por el sistema tonal tradicional. Ubicación de los semitonos[18]:

---

[18] Mismo ejemplo en p. 127.

Jónico	Do	Re	Mi	Fa	Sol	La	Si	Do
Dórico	Re	Mi	Fa	Sol	La	Si	Do	Re
Frigio	Mi	Fa	Sol	La	Si	Do	Re	Mi
Lidio	Fa	Sol	La	Si	Do	Re	Mi	Fa
Mixolidio	Sol	La	Si	Do	Re	Mi	Fa	Sol
Eólico	La	Si	Do	Re	Mi	Fa	Sol	La
Locrio	Si	Do	Re	Mi	Fa	Sol	La	Si

Figura 2.7. Ubicación de los semitonos en las escalas modales

18.- Escalas homónimas

Las **escalas homónimas** llevan igual nombre, pero sus relaciones numéricas (**r.n.**) suman respectivamente 7, 14, 21, y 28 alteraciones[19].

La r.n. de 7 alteraciones presenta entre sus extremos un intervalo de 1ª aumentada (semitono cromático):

Orden de ♯ =	0	1	2	3	4	5	6	7
Orden de ♭ =	7	6	5	4	3	2	1	0
Totales =	7							

Para una r.n. de 14 alteraciones, la distancia interválica tendrá una 1ª doble aumentada (2 semitonos cromáticos):

Orden de ♯ =	2	3	4	5	6	7	8	9	10	11	12
Orden de ♭ =	12	11	10	9	8	7	6	5	4	3	2
Totales =	14										

[19] Ver tonalidades homónimas en p. 118.

Con la r.n. de 21 alteraciones se llega a la 1ª triple aumentada (3 semitonos cromáticos):

Orden de ♯ =	9	10	11	12
Orden de ♭ =	12	11	10	9
Totales =	**21**			

Y, por último, 14 alteraciones: es una cuádruple aumentada (4 semitonos cromáticos):

Orden de ♯ =	14
Orden de ♭ =	14
Total =	**28**

Ejemplos de cuadros de tonalidades homónimas:

a) simples: **3 + 4 = 7**

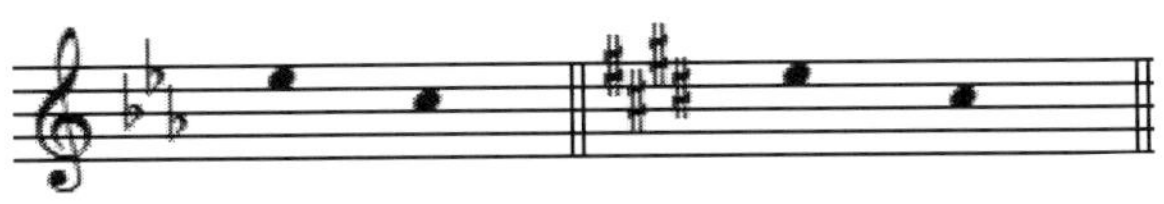

b) dobles: **7 + 7 = 14**

c) triples: **11 + 10 = 21**

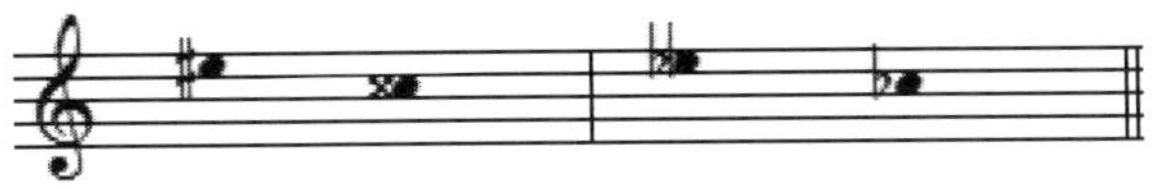

d) cuádruple: **14 + 14 = 28**

19.- Escalas enarmónicas

Las **escalas enarmónicas.** Con diferentes armaduras de clave y sonidos coincidentes, estas escalas llevan relación numérica (r.n.) de 12 alteraciones y 1 punto de encuentro en el sistema tonal, llamado **sutura enarmónica**. Los ejemplos muestran las tonalidades enarmónicas, motor en procesos modulantes y avance en campos tonales[20].

[20] Ver descripción completa y ejemplos musicales del sistema en p. 120.

La sutura enarmónica es posible con nexos de hasta 12 alteraciones: Fa♯-Sol♭ o re♯-mi♭, totalizando 12 alteraciones cuando sumamos ambos campos.

En el pentagrama superior aparecen las tonalidades mayores y en el inferior sus respectivos relativos menores. Este sistema permite visualizar la enarmonización en el círculo de quintas:

Modo mayor

Si - Do♭ Fa♯ - Sol♭ Do♯ - Re♭ Sol♯ - La♭

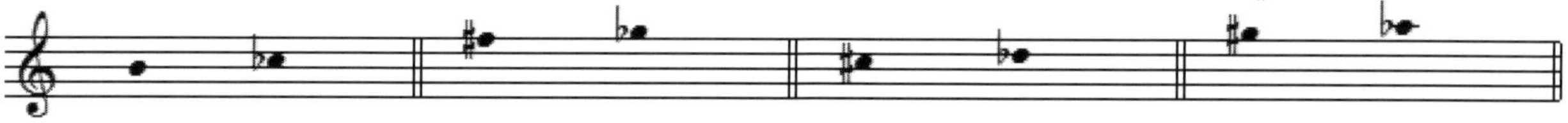

Modo menor

sol♯ - la♭ re♯ - mi♭ la♯ - si♭ mi♯ - fa

Existe la posibilidad de enarmonizar hasta 3 tonalidades distantes entre sí por un intervalo de 2ª disminuida o 3ª triple disminuida.

Do♭♭		Re♭♭		Mi♭♭	Fa♭♭		Sol♭♭		La♭♭		Si♭♭	Do♭♭	etc.
Si♭	Do♭		Re♭		Mi♭	Fa♭		Sol♭		La♭		Si♭	etc.
	Si	Do		Re		Mi	Fa		Sol		La		etc.
La♯		Si♯	Do♯		Re♯		Mi♯	Fa♯		Sol♯		La♯	etc.
	La^{x}		Si^{x}	Do^{x}		Re^{x}		Mi^{x}	Fa^{x}		Sol^{x}		etc.

Figura 2.8. Enarmonización de las tonalidades

Leído en sentido vertical, este cuadro:

- Presenta un solo tipo de escalas diatónicas.

- Describe las funciones enarmónicas que aportan 5 posibles tonalidades, con iguales sonoridades para diferentes campos tonales, y que constituye un notable recurso motor en los procesos de modulaciones contrastantes.

■ Las 5 filas presentan la progresión escalística que aporta el proceso diatónico.

■ Las filas del cuadro, en una lectura diagonal, nos permiten comprobar el avance cromático.

La escala general contiene la relación numérica de **12** alteraciones y es **teórica**:

Orden de ♯ =	0	1	2	3	4	5	6	7	8	9	10	11	12
Orden de ♭ =	12	11	10	9	8	7	6	5	4	3	2	1	0
Total =	12												

La lógica de los resultados anteriores se resume en la siguiente tabla:

Orden de ♯ =	5	6	7
Orden de ♭ =	7	6	5
Total =	12		

Las teóricas admiten dos estructuras en relación numérica de **12** alteraciones:

Orden de ♯ =	0	1	2	3	4	inverso:	8	9	10	11	12
Orden de ♭ =	12	11	10	9	8		4	3	2	1	0
Total =	12					Total =	12				

Las enarmonías admiten simultaneidad con melodías, tonalidades y sistemas armónicos, así como mutaciones en elementos expresivos para lograr contrastes colorísticos y sensaciones opuestas.

20.- Enarmonía

Son sonidos enarmónicos 2 o 3 notas de diferentes nombres o alturas, pero con igualdad sonora[21]. Ostentan nombres diferentes, como sinominia, enarmonía o equisonancia.

[21] En sentido estricto no existe la igualdad sonora, la función de la coma sintónica es distinguir entre semitono diatónico o cromático.

Las **tonalidades enarmónicas** enlazan 2 o 3 tonalidades, igual que los sonidos. La tonalidad de Fa♯ mayor es enarmónica de Sol♭ mayor y viceversa. Un sonido determinado se corresponde con otro enarmónico. Cada sonido ostenta 3 nombres (excepto Fa♯-Sol♭), enriqueciendo así las posibilidades tonales.

Las enarmonías se utilizan de forma simultánea en melodías, tonalidades y sistemas armónicos, así como mutaciones en elementos expresivos para lograr contrastes colorísticos y sensaciones opuestas. Homonimia y equisonancias coinciden en altura de registros sonoros.

La enarmonía, como recurso sonoro y tonal, favorece la modulación desde una tonalidad en función hacia otra lejana (por ejemplo, campos contrarios de alteraciones), de forma totalmente serena, sin crear tensión en el proceso modulante hacia un campo tonal lejano.

Rimsky-Korsakov, en su ópera *La leyenda de la ciudad invisible de Kitege* (1905), presenta un coro a tres voces escrito en Si mayor, mientras que las cuerdas y todos los instrumentos de viento (flautas, oboes, fagotes y trombones) figuran escritos en los sonidos reales de la tonalidad que les adjudicara el compositor, Do♭ mayor (tonalidades enarmónicas).

3

COMPASES

21.- El compás

Compás es la división de una obra musical en partes y/o fracciones de igual duración. La división se realiza por medio de líneas divisorias, que pueden ser completas o punteadas, y se utilizan para diversos fines.

El final de un fragmento musical o de una obra de ciertas dimensiones se indica siempre con una doble barra. Sus utilidades:

- Distinción de fragmentos musicales de distintos estilos.
- Indicación de cambio de armadura de clave.
- Indicación de cambio de compás (para estos casos 2 líneas de igual anchura).
- Indicación de repeticiones puntuales de fragmentos.
- Si la doble barra tiene 2 puntos a su derecha, hay que buscar después otra doble barra con los 2 puntos a su izquierda, y el contenido musical entre ambas barras, será motivo de repetición.
- Ante una doble barra debemos prestar atención, pues aparece algún cambio.

Hemos de establecer una comparación cualitativa figura/valor, que defina las siguientes medidas: unidad de compás, parte, fracción y/o subdivisión.

Los compases pueden ser marcados o medidos con pulsaciones representativas de compás, división o subdivisión, y es necesario disponer de la mayor información posible respecto a las figuras de valoración, emblemáticas en cada clase de compás, donde radica la esencia rítmica.

La **unidad de compás** se integra en la figura o figuras que representan, por sí mismas, el valor total de un compás determinado.

La **unidad de parte** es la figura o figuras que representan el contenido de cada parte del compás.

La **unidad de fracción** es la figura que representa cada subdivisión en los compases.

La **unidad de subdivisión** es la figura que representa un valor menor, a efectos de obtener mayor seguridad en la medida, en pasajes de acentuada dificultad.

Cada fracción de la división interior de un compás se denomina **parte**, **pulso** o **tiempo**, siendo términos sinónimos.

Cuando una obra musical se mide tomando como unidad la parte, pulso o tiempo, se está midiendo en **división**. Si se fracciona cada una de las divisiones anteriores, se mide en **subdivisión** o fracciones. Si se agrupan las unidades en torno a un único acento rítmico para cada compás, se mide "**a uno**".

Dos ejemplos ilustran el comentario anterior:

Compás de 2/4:

- Unidad de compás: blanca
- Unidad de parte: negra
- Unidad de fracción: corchea
- Unidad de subdivisión: semicorchea

Compás de 6/8:

- Unidad de compás: blanca con puntillo
- Unidad de parte: negra con puntillo
- Unidad de fracción: corchea
- Unidad de subdivisión: semicorchea

Los compases **básicos** son solo de dos clases: **binarios** o **ternarios**. El resto de compases es producto de combinación de valores y su clasificación nace de los ritmos de danza. El ritmo interior de los compases se aprecia tanto en escritura como en audición. Hay acentos que marcan con mayor énfasis unas partes determinadas como fuertes, en oposición a otras que se perciben como débiles. Existen, entonces, partes **fuertes (f)** y **débiles (d)**.

En los compases básicos los acentos llevan siempre el siguiente orden:

Binarios: fuerte, débil; fuerte, débil, etc.

Ternarios: fuerte, débil, débil; fuerte, débil, débil, etc.

Cuaternarios: fuerte, débil, semi-fuerte, débil, etc.

El acento fuerte o **ictus**, constituye el punto inicial de cada compás, inmediatamente después de cada línea divisoria.

Los compases cuaternarios aparecen por duplicación de los compases binarios. Los teóricos suscriben el acento de estos compases como: fuerte, débil, semi-fuerte, débil.

La forma de marcar cada compás (solfear) se ha realizado tradicionalmente con una mano (derecha o izquierda), sin reparar en agrupaciones o subdivisiones ni aplicar las interpretaciones metronómicas indicadas al inicio de cada obra. Es más apropiado expresar realmente las subdivisiones en los momentos oportunos.

Para lectura en división:

El compás binario: 1ª parte, abajo (↓); 2ª parte, arriba (↑).

El compás ternario: 1ª parte, abajo (↓), 2ª parte, derecha (→), 3ª parte, arriba (↑).

El compás cuaternario: 1ª parte, abajo (↓), 2ª parte, izquierda (←), 3ª parte, derecha (→), 4ª parte, arriba (↑).

Las subdivisiones, en general tempos lentos, se marcan dos veces (↓↓) y equivalen a fracciones, (subdivisión binaria) en compases binarios, ternarios o cuaternarios; y tres veces (↓↓↓), en compases ternarios o cuaternarios (subdivisión ternaria), todos en el orden que marca la división. La excepción existe en el compás binario de subdivisión ternaria (6/8). En subdivisión: 1ª, 2ª, 3ª, abajo (↓↓↓); 4ª, izquierda (←) 5ª, derecha (→), y 6ª, arriba (↑).

Hay diferencias al marcar compases para medir una partitura en asignaturas de lenguaje musical, dirección coral o instrumental. Para dirección de agrupaciones instrumentales, vocales o vocal-instrumental, existen indicaciones específicas para marcar inicios y/o finales de motivos o frases, dependiendo también del grupo objeto de interpretación[22].

22.- Compases simples

Los **compases simples** (subdivisión binaria) reúnen como unidad de parte una figura simple: redonda, blanca, negra, o corchea. Pueden utilizar valores menores, aplicados con mayor frecuencia en el campo teórico. La denominación de subdivisión binaria se origina por la división en fracciones pares del sistema métrico musical, donde cada figura vale el doble de la siguiente y/o la mitad de la anterior.

---

[22] El detalle de las indicaciones específicas no está incluido en este trabajo.

Los valores de los compases se establecen por medio de un *quasi*-quebrado (sin barra divisoria) colocado siempre al principio de la obra. La cifra superior se llama **numerador** y la cifra inferior **denominador**. Los quebrados de los compases no utilizan la barra divisoria de las operaciones matemáticas.

El numerador indica siempre el **total** de valores que se integran en cada compás, mientras que el denominador representa la figura **unidad de parte**.

Los numeradores de los compases simples son: 2, 3 o 4. El 2 indica dos partes para un compás binario; el 3 indica tres partes para un compás ternario; el 4 indica cuatro partes para un compás cuaternario.

Los denominadores de los compases simples son: 1, 2, 4, 8.

1	representa una	redonda	como unidad de parte
2		blanca	
4		negra	
8		corchea	

Figura 3.1. Denominadores en compases simples

Combinando uno de los 3 numeradores con uno de los 4 denominadores, se obtiene una tabla de **12** compases simples o de subdivisión binaria.

Compases binarios de subdivisión binaria:

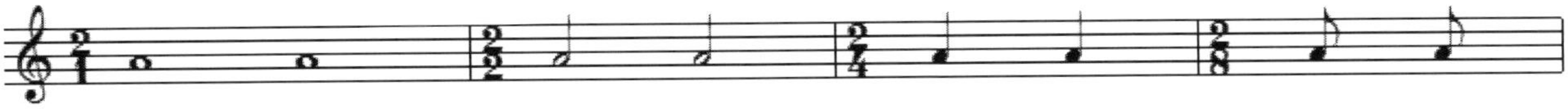

Compases ternarios de subdivisión binaria:

Compases cuaternarios de subdivisión binaria:

23.- Compases compuestos

Los **compases compuestos** (subdivisión ternaria) reúnen como unidad de parte una figura **con puntillo**: redonda con puntillo, blanca con puntillo, negra con puntillo o corchea con puntillo. La denominación de subdivisión ternaria se origina al subdividir en tres las fracciones que produce toda figura con puntillo. Pueden utilizar valores menores, aplicados con mayor frecuencia en el campo teórico.

En los compases compuestos, el numerador representa el total de fracciones o tercios de tiempo que integra cada compás; el denominador indica la figura representativa de fracción o tercio de tiempo.

Los **numeradores** en los compases compuestos son: 6, 9 o 12.

Indicador	Tiempo	Compás
6	6 tercios	binario
9	9 tercios	ternario
12	12 tercios	cuaternario

Figura 3.2. Numeradores en compases compuestos

Los denominadores en los compases compuestos son: 2, 4, 8 o 16.

<table>
<tr><td>2</td><td></td><td>blanca</td><td></td><td>redonda con puntillo</td></tr>
<tr><td>4</td><td rowspan="2">indica</td><td>negra</td><td rowspan="2">1/3 de tiempo de</td><td>blanca con puntillo</td></tr>
<tr><td>8</td><td>corchea</td><td>negra con puntillo</td></tr>
<tr><td>16</td><td></td><td>semicorchea</td><td></td><td>corchea con puntillo</td></tr>
</table>

Figura 3.3. Denominadores en compases compuestos

Combinando los 3 numeradores con los 4 denominadores se obtiene una tabla de 12 compases compuestos o de subdivisión ternaria.

Compases binarios de subdivisión ternaria:

Compases ternarios de subdivisión ternaria:

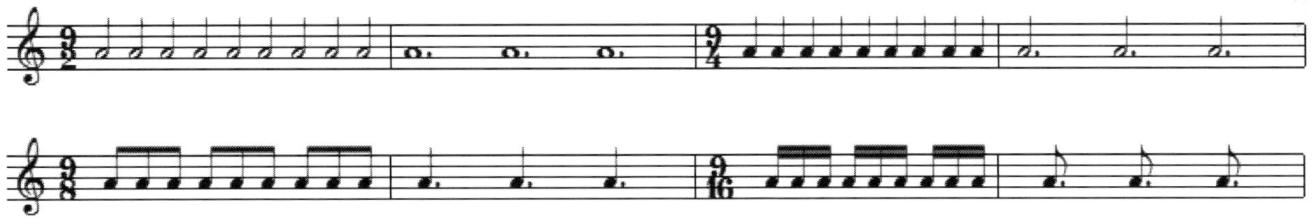

Compases cuaternarios de subdivisión ternaria:

24.- Compases correspondientes

Todo compás simple puede ser transformado en compuesto agregando un puntillo a cada figura que representa un tiempo o parte en el compás simple. Y, al contrario, de compuesto a simple, se suprime el puntillo de cada figura unidad de parte del compás compuesto.

Se definen los compases correspondientes como uno simple y otro compuesto, con igual cantidad de tiempos o partes. Sus equivalencias están determinadas por las unidades de valor, expresadas al inicio de la obra o movimiento que se interprete.

Para transformar un compás de simple a compuesto, se multiplica el numerador por 3 y el denominador por 2. Para transformar de compuesto a simple se divide el numerador entre 3 y el denominador entre 2.

Simples		Compuestos	
2/1	2 redondas o 4 blancas	6/2	2 redondas c/puntillo o 6 blancas
2/2	2 blancas o 4 negras	6/4	2 blancas c/puntillo o 6 negras
2/4	2 negras o 4 corcheas	6/8	2 negras c/puntillo o 6 corcheas
2/8	2 corcheas o 4 s/corcheas	6/16	2 corcheas c/puntillo o 6 semicorcheas
3/1	3 redondas o 6 blancas	9/2	3 redondas c/puntillo o 9 blancas
3/2	3 blancas o 6 negras	9/4	3 blancas c/puntillo o 9 negras
3/4	3 negras o 6 corcheas	9/8	3 negras c/puntillo o 9 corcheas
3/8	3 corcheas o 6 s/corcheas	9/16	3 corcheas c/puntillo o 9 semicorcheas
4/1	4 redondas u 8 blancas	12/2	4 redondas c/puntillo o 12 blancas
4/2	4 blancas u 8 negras	12/4	4 blancas c/puntillo o 12 negras
4/4	4 negras u 8 corcheas	12/8	4 negras c/puntillo o 12 corcheas
4/8	4 corcheas u 8 s/corcheas	12/16	4 corcheas c/puntillo o 12 semicorcheas

Figura 3.4. Tabla de correspondencia de compases simples a compuestos

La transformación de compases de subdivisión binaria en ternaria (o viceversa) puede mantener o modificar las velocidades en su interpretación, según las indicaciones del autor.

El inicio de una obra musical siempre determina el ritmo definido e inmutable en el transcurso de la frase, sección u obra. Marcan una impronta rítmica y se denominan: **tético, acéfalo, anacrúsico**.

Tético:	el acento inicial **coincide** con el comienzo del compás
Acéfalo:	el acento inicial **no coincide** con el comienzo de cada compás
Anacrúsico:	la obra comienza en la **última parte** o última **fracción** del compás

La **anacrusa** o prótesis deriva de **2** vocablos griegos: *ana*, dirección ascendente, y *krono*, marcar. Sinónimos: entonación, preludio, inicio (de un canto, por ej.), nota/s antecesora/s del ictus inicial.

Según el prestigioso teórico Mathis Lussy[23], existen 3 clases de anacrusa: integrantes, motrices y accesorias,

■ **Integrantes:** parte integrante del ritmo; su omisión desnaturaliza la esencia misma del ritmo.

■ **Motrices:** su omisión cambia no solo el carácter estético o expresivo del ritmo; tienen **2** clases:

- De elevación o pujanza, otorgan celeridad a la frase.
- De suspensión, retienen el movimiento.

■ **Accesorias:** pueden ser suprimidas sin modificar la **naturaleza** ni el *carácter* expresivo del ritmo.

---

[23] M. Lussy (1981). *El ritmo musical. Su origen, función y acentuación* (7ª edición). Ricordi: Buenos Aires, p. 34.

25.- Compases de amalgama

Los **compases de amalgama** son dos o tres compases simples integrados de forma unitaria (en uno solo). Se aprecian también, con menor frecuencia, en compases compuestos.

Su objetivo es reunir en un solo compás mayor número de tiempos o partes. Los diferentes acentos que se producen por combinación de las duraciones aportan riqueza y diversidad en el campo rítmico y melódico.

Los compases de amalgama se reconocen porque:

■ Utilizan líneas divisorias punteadas interiores, para facilitar el reconocimiento de los acentos por parte del intérprete.

■ Por su cifrado diferente: un quebrado indicando el total global de cada compás al inicio de la obra, o con quebrados, indicados compás a compás.

La línea divisoria punteada se aplica en las divisiones internas de los compases. Una vez alcanzado el total de valores indicado por el quebrado, se emplea la línea divisoria completa.

La distribución interior en los compases de amalgama puede ser de mayor a menor valor, o viceversa; normalmente impera el buen gusto y el interés musical o rítmico del compositor. A modo de ejemplo, presentamos una tabla de compases de amalgama que es, por supuesto, meramente representativa, y no agota las posibilidades de composición:

Simples	**5/4** = 3/4 + 2/4	**7/4** = 4/4 + 3/4	**9/4** = 4/4 + 3/4 + 2/4
Compuestos	**15/8** = 9/8 + 6/8	**21/8** = 12/8 + 9/8	**27/8** = 12/8 + 9/8 + 6/8

Los compases de amalgama representan con frecuencia la música de América del Sur, en autores como Eduardo Fabini, Alberto Ginastera o Astor Piazzola.

26.- Compases mixtos

Los **compases mixtos**, de forma similar a los compases de amalgama, cuentan con valores superiores al compás cuaternario, reuniendo en el mismo cinco, siete o nueve partes.

Es posible la existencia de solo 1 acento (inicial), 2 o más:

- Con ligaduras de fraseos.
- Con separaciones y/o uniones por medio de barras, o bien simultaneando ambos sistemas.
- Mediante indicaciones expresas del autor.

En los compases mixtos los compositores emplean solo el quebrado inicial, totalizando los valores con el numerador. El uso generalizado es el empleo del denominador **4** si los compases son de subdivisión binaria, o el **8** si pertenecen a la subdivisión ternaria.

Como se ha visto, dentro de la organización rítmica, melódica o armónica, la construcción de obras musicales con estos compases puede ser simétrica o asimétrica en toda una obra, o para algún fragmento especial. Otorgan al compositor absoluta libertad, como se aprecia en el siguiente fragmento:

27.- Mensurabilidad de los compases

La **mensurabilidad** de los compases citados se puede interpretar con un metrónomo[24]. Hablaremos de **equivalencias**, porque en su 1ª acepción una figura determinada es igual a "x". Este valor "x" representa la cantidad de pulsos, partes o tiempos que se deben marcar en un minuto.

Las indicaciones se colocan siempre al inicio de la obra, sin excluir la posibilidad de aplicar cambios de velocidad a otros fragmentos de la misma partitura.

La indicación metronómica se mide siempre mediante una figura, simple o con puntillo, que representa una parte (medir en división), una fracción (medir en subdivisión) o un compás (medir a 1).

Por ejemplo: en 4/4 con negra = 60, el metrónomo debe marcar 60 y la velocidad será de 60 negras por minuto o de una negra por segundo.

Las equivalencias suelen ser complejas por su diversidad. Cuando se presentan con mucha frecuencia en una obra musical ralentizan todo tipo de interpretación, por el estudio previo a su correcta ejecución; generalmente modifican el carácter y/o el tempo.

Hay equivalencias de:

- **Figura=figura** para el mismo tipo de compás o para crear subdivisiones en la misma especie de compás.

- **Parte=parte** para un nuevo compás.

- **Figura=parte** o **parte=figura** también para cambios de compás. Existe una amplitud de posibilidades, no considerando necesario extendernos en este tema.

---

[24] Más información en p. 83.

En relación al uso del metrónomo, recomendamos trabajar con él de forma inteligente y artística. No olvidar el principio de que la música es arte; si permitimos ser dependientes del metrónomo, transformaremos ese arte en mecánica. Al estudiar, se emplea solo para conocer la velocidad indicada por el compositor, y trabajar fragmentos de dificultad métrica.

El tempo real está indicado al principio de una obra o movimiento y ha de ser aplicado por el intérprete cuando procede a estudiar la misma; el ***tempo*** ideal será el que venga impuesto por el buen gusto y la personalidad musical del intérprete, quien después de trabajarla de manera razonada, recreará la partitura para ejecutarla siempre dentro de un mismo tempo, con su impronta personal.

28.- Compases combinados

Los **compases combinados** son los que utilizan tantas combinaciones de valores como ideas rítmicas y/o melódicas pueda concebir un compositor y donde se aplican las equivalencias en su sentido más estricto.

El primer ejemplo lo aporta el compás de **peteneras**, con una combinación de dos compases: 6/8 + 3/4, siguiendo este orden, y constituye el más claro ejemplo de equivalencia corchea = corchea. Observamos que el compás de 6/8 está formado por seis corcheas, igual que el de 3/4, con diferencias de acentuación: binaria en el primero y ternaria en el segundo.

Otra aportación a estas creaciones es la mezcla de compases de dos especies, por ejemplo: 4/4 + 3/4, en los que el orden está previamente establecido por el compositor y es absolutamente aleatorio.

El empleo del denominador 4 es vinculante con el sentido de los compases de amalgama y los mixtos (pp. 64 y 65), pero con diferencias en los sistemas de acentuación. En éstos últimos, no se utilizan las líneas divisorias de puntos; se separan los compases globales por medio de líneas divisorias completas enteras.

29.- Compases de tiempos dispares

Los **compases de tiempos dispares** contienen unidades combinadas (subdivisiones ternaria y binaria alternas) donde observamos un sistema de equivalencias a veces muy complejo. Por esta razón sugiero un estudio lógico de los mismos, pilar básico del ritmo en música contemporánea.

El primer ejemplo lo aporta el compás binario de 5/8, formado por negra con puntillo-negra o viceversa, donde necesariamente se debe aplicar una equivalencia: buscar la figura común de subdivisión que pueda aplicarse a ambas unidades, que en este caso sería la corchea. Para conocer la medida rigurosa a través del metrónomo se puede buscar la velocidad de la corchea a 120. Con este planteamiento se puede conocer la igualdad de una figura (negra con puntillo-negra) o la velocidad de cada unidad.

Estos compases de tiempos dispares pueden ser de **2**, **3**, **4** y **5** partes. Es posible confeccionar una tabla con diversidad de combinaciones:

5 partes: 3 + 2	**7** partes: 4 + 3	**9** partes: 4 + 3 + 2
5 partes: 2 + 3	**7** partes: 3 + 4	**9** partes: 2 + 3 + 4

Figura 3.5. Combinaciones de compases

Los compases de tiempos dispares se denominan ritmos **aksak** y tienen su origen en Turquía. Su principal característica es la amalgama de valores de subdivisión binaria y ternaria.

Generalmente se aplica la denominación de compases de tiempos dispares a los compases que tengan numeradores combinados por 2 cifras (numerador y denominador) utilizando como denominador el nº 4, representando la negra como unidad de parte.

Por el contrario, los ritmos aksak emplean como denominador el nº 8 representando la corchea como unidad de parte. Si en el transcurso de la obra se alternan diversas medidas en los distintos compases, se suele aplicar como norma clarificadora un quebrado diferente para cada compás.

En tanto la ciencia no aporte algún sistema o máquina que permita la mensurabilidad de este tipo de compases, tendremos que acudir a sistemas de medición como el expresado anteriormente.

Es interesante realizar un trabajo percutido, por ejemplo marcando valores con un lapicero en la mesa de trabajo, resaltando con énfasis figuraciones y subdivisiones, y así poder apreciar la fluidez característica de estas combinaciones.

En la página siguiente se aprecian dos tablas completas de estos compases. La primera demuestra la posibilidad total de valores unitarios para cada clase de compases; en este caso podemos hablar solo de compases de tiempos dispares. En cambio, en la segunda, con los valores totales y la casi inagotable combinación de subdivisiones, estamos claramente ante compases de ritmo aksak, tomando como base para su demostración la subdivisión a la corchea en todos los casos.

Compases de tiempos dispares. Alternancias en subdivisiones ternarias y/o binarias:

Aksak significa cojo en turco siendo el típico patrón métrico y rítmico de la música tradicional de la Península Balcánica: Irán, Turquía, Afganistán. Su impronta rítmica viene determinada por los típicos compases de amalgama que combinan subdivisiones binaria/ternaria.

Desde el siglo XX lo adoptan Bartók y Stravinsky, entre otros; el primero lo menciona como "ritmo búlgaro". Estos ritmos también son incorporados por Andalucía en su música flamenca. Algunas combinaciones de subdivisiones ternarias/binarias:

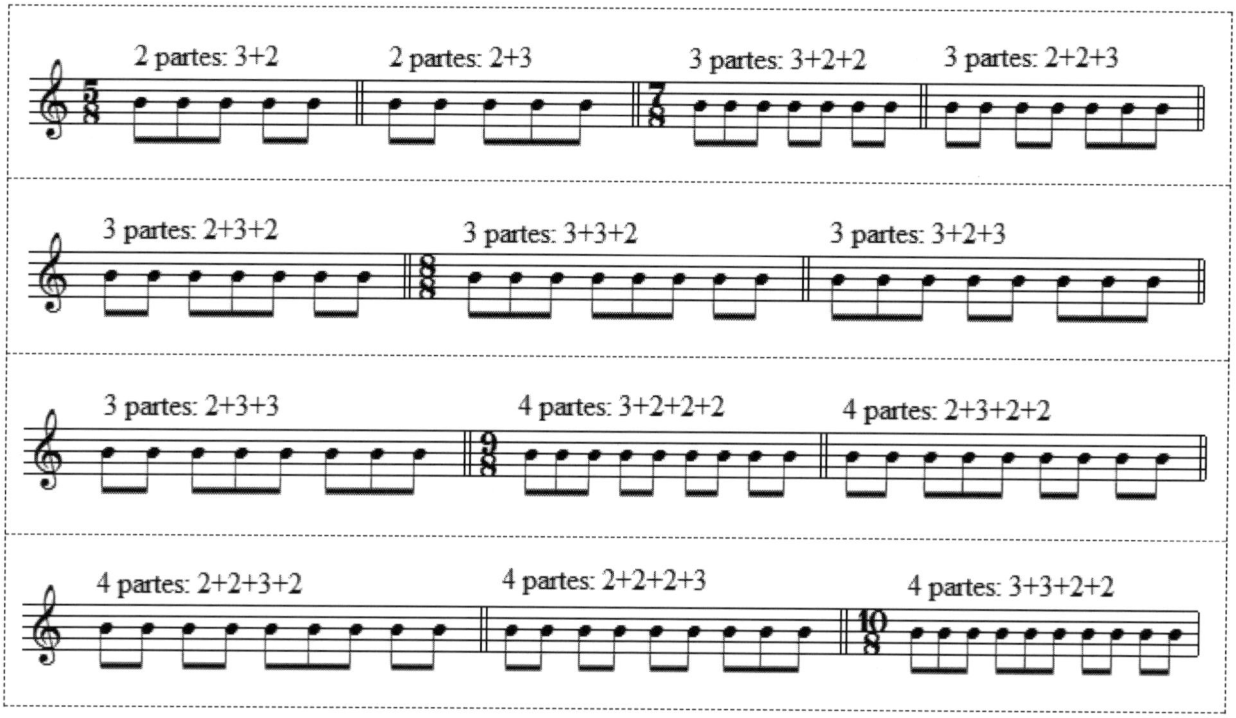

30.- Grupos de valoración especial

Son grupos de notas que se interpretan con distinto valor al que su figura representa; equivalencias o grupos irregulares que presentan exceso o defecto de valor en relación al compás, parte o fracción que ocupan gráficamente.

Se denominan dosillos (2 figuras), tresillos (3), cuatrillos (4), cinquillos (5), seisillos (6), septillos (7), octavillos (8) y nonillos (9). Los tres grupos más conocidos y sencillos para su comprensión e interpretación son tresillo, dosillo y seisillo.

El **tresillo** es un grupo de 3 notas que equivale a 2 de su misma especie. Se utiliza en compases simples (subdivisión binaria). Es de valoración especial por **reducción**, es decir, sus 3 figuras se interpretan más rápidamente al ser ejecutadas en el mismo tiempo de 2. Y es **excedente** porque aumenta el nº de figuras (3 en lugar de 2):

En estos ejemplos se observa que el tresillo de corcheas equivale a 2 corcheas. El tresillo de negras, tiene el valor de 2 negras.

El dosillo es un grupo de 2 notas que equivale a 3 de su misma especie. Se usa en compases compuestos (subdivisión ternaria).

Es un grupo de valoración especial por **ampliación**, sus 2 notas se interpretan más lentas al ocupar el mismo tiempo que 3. Es **deficiente** porque disminuye el número de figuras, 2 en lugar de 3.

Los grupos de valoración especial deben ser excedentes. Los grupos deficientes se emplean solamente cuando el valor de la unidad es una figura con puntillo.

El **seisillo** es un grupo de 6 notas que equivale a 4 de su misma especie. Puede interpretarse de tres formas distintas:

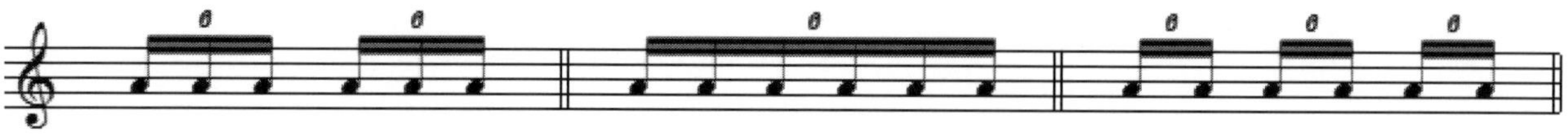

Acentuando en subdivisón ternaria (como un doble tresillo), acentuando únicamente la primera nota del grupo o haciendo recaer el acento en subdivisón binaria.

■ El cuatrillo corresponde a 6 figuras.

■ El cinquillo equivale a 4 figuras, solamente equivale a 6 cuando estas son las que completan un tiempo o un compás entero.

■ El septillo equivale a 6 figuras si estas ocupan un tiempo o un compás entero, en los demás casos equivale a 4.

■ El octavillo equivale a 12 figuras y su acento recae en la primera nota del grupo o pueden acentuarse la primera y la quinta.

■ Los grupos de 9, 10 y 11 notas equivalen a 8 de su misma especie, pero pueden valer 12 si las figuras que representan completan un tiempo o un compás entero.

El siguiente ejemplo demuestra la relación **escritura/efecto** producida por estos grupos:

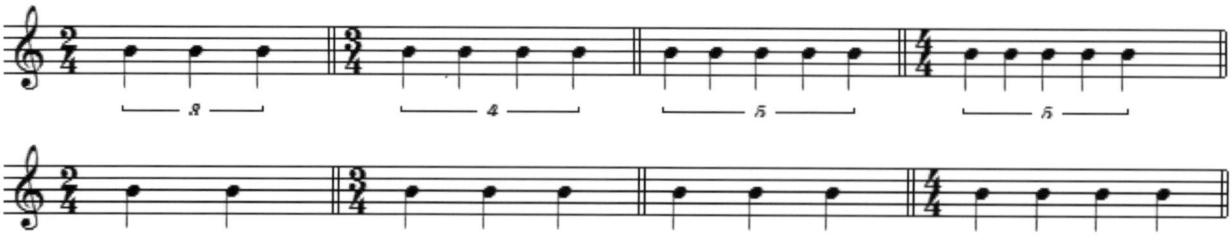

Estos grupos se pueden subdividir, a su vez, con figuras de menor valor: en un tresillo de negras, una de ellas puede contener 2 corcheas, 1 tresillo de corcheas o 4 semicorcheas.

Otros grupos de valoración especial tienen infinidad de valores/compases, como aparecen en algunas **cadenzas** o **fermatas** virtuosísticas. Normalmente no se aplica el indicador de compás para frases con fermatas incluidas. El intérprete será quien determine los valores y/o duraciones que correspondan al pasaje citado.

Para medir estos grupos con rigor musical hay que hallar su múltiplo común que, igual que en otras asignaturas, debe ser objeto de estudio en el aula.

31.- Compases de valor añadido

Los compases de valor añadido, de reciente creación (s. XX), son binarios, ternarios o cuaternarios que incorporan una fracción ya ajustada en el quebrado: **4/4 + ¼, 2/4 + ½, 3/4 + ¾, 1/4 + ¾**.

Suelen presentar indicación metronómica, y por lo complejo de su medida, es preciso buscar una figura común de subdivisión para establecer el *tempo* con exactitud. Ejemplo: en **2/4 + ¼**, un compás está formado por **2 negras + 1 semicorchea**.

La disposición de las partes en estos compases es casi siempre simétrica. Su medida, una vez analizada, no ofrecerá dificultades de realización, aportando nuevos e interesantes efectos rítmicos. Los compositores actuales incorporan, cada vez más, agrupaciones de carácter rítmico-melódico con combinaciones novedosas.

32.- Compases sin compasear

Pese a la incoherencia de su título, de creación moderna, se miden de igual forma que los compases tradicionales. Sus características son:

- La ausencia total de líneas divisorias, excepto la doble barra final.
- Una figura que indica equivalencia metronómica: **corchea = x**.

Este tipo de compases debe medirse con arreglo a la figura indicada al inicio de la obra y por fraseos de ligaduras, barrados y silencios que contemplan todos los signos de puntuación necesarios para lograr una mensurabilidad exacta.

33.- Compases atípicos

Los **compases atípicos** son aquellos que no incluyen transparencia métrica y/o rítmica para su interpretación. Los autores yuxtaponen en ocasiones diferentes tipos de compases para ser ejecutados de forma simultánea, así como quebrados de compás ideados por ellos mismos. La inclusión de este apartado es motivo de análisis debido a la carencia de información al respecto. A continuación ofrecemos diversos ejemplos.

Chopin. El *Nocturno* op. 27, nº1, en do♯ menor (compás 29 y ss.), en la versión original del compositor indicaba un compás de 18/8, un interesante ejemplo de reunión de 2 compases de 9/8 en grupos de 3 tresillos. Esta indicación surge por el fraseo de toda la obra en grupos de 18 corcheas. Más tarde los editores cambiarán dicha medida al actual metro correspondiente de 3/4 por compás. No obstante, el contraste entre melodía y acompañamiento produce una curiosa polimetría:

Chopin. Raramente utilizó los compases compuestos, pero transformaba constantemente las figuraciones convencionales en tresillos y seisillos. De los cuatro Impromptus, el Nº 1 Op. 29 en La♭ M está escrito en 4/4, aunque gran parte de él está realmente en 12/8:

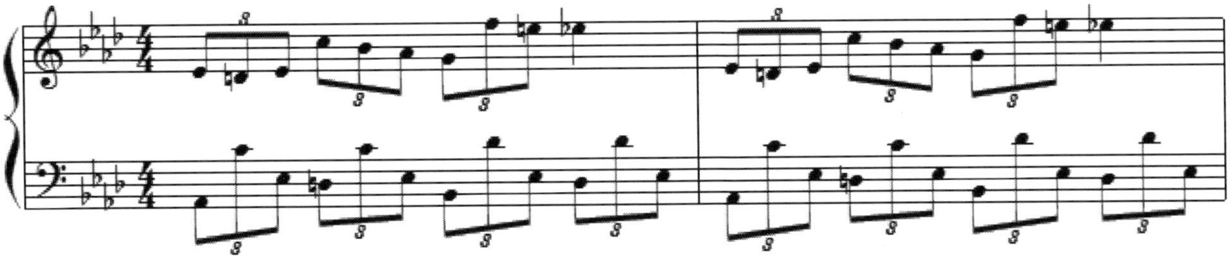

También Chopin en su *Fantasía Impromptu* op 66, en do♯ menor, ofrece el compás de 2/2, pero es polimétrica, pues su mano izquierda marca un 12/8, mientras la derecha presenta un 4/4:

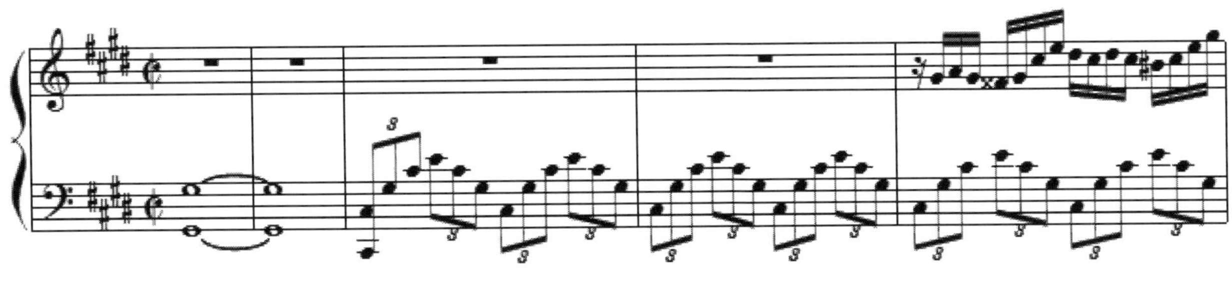

Comentario aparte genera la diferencia entre escrituras; la intención o percepción intrínseca se encuentra en clara confrontación con el sentido musical. En la siguiente página se aprecia, para el motivo a, "energía rítmica" o agresividad decisiva; y, por el contrario, es notoria la distensión rítmico-melódica presente en el motivo b, del *Impromptu* nº 1 D. 946 de **Franz Schubert** en Sol♭:

■ Carácter anacrúsico (a), 2/4, incisivo:

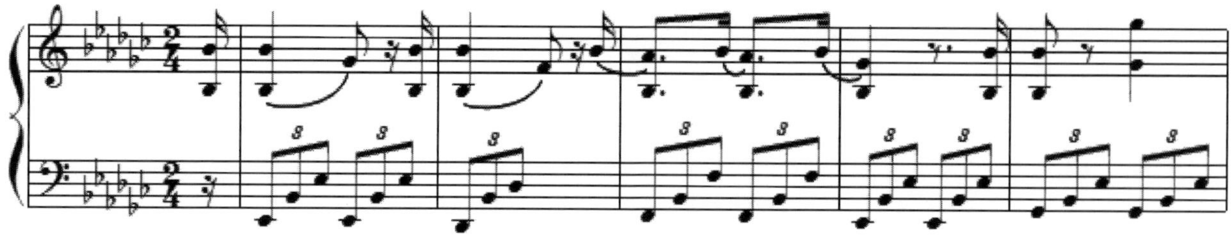

■ Carácter distendido (b), 6/8, amable:

La siguiente propuesta, el *Impromptu* nº 3 D 899 op. 90 de **F. Schubert** interesa por el quebrado inicial, doble 2/2. Actualmente equivale a un 8/4 o, de otra forma, a un hipotético 16/8. Basado en valores de negras, sería un categórico 24/8:

Interrogante es la indicación de compás para el *Impromptu* nº 2 D 899 opus 90, del mismo catálogo del año 1827, que ofrece un 3/4, como expone, ¿o será 9/8 encubierto?

Esta es la fuente invisible de numerosas *Consolations, Líebesträume* y sus derivados.

Schumann. En el lied *Stirb, Lied und Freud!* op. 35 nº2, con un doble compasillo:

Y la imprescindible presencia de cuadradas, totaliza valores de compases, en el ejemplo:

Liszt, en su *Totentanz (Danza macabra)*, indica 6/8 para el piano y 2/2 a la orquesta:

En la misma obra, se presenta un doble compás de 3/4 y 9/8 para la sección de Si mayor, entre clarinete y piano:

34.- Polimetrías

Se refiere a la aparición simultánea de varios metros diferentes en una misma obra. Claro ejemplo de superposiciones en valores de metros y subdivisiones:

Choral, wie ein Wiegenlied — Hugo Distler

A orillas del hermoso Danubio azul, op. 314, de **J. Strauss**. El autor cifra en 3/4, cuando por sus ictus anacrúsicos, en realidad la percepción rítmica transmite claramente un 6/4:

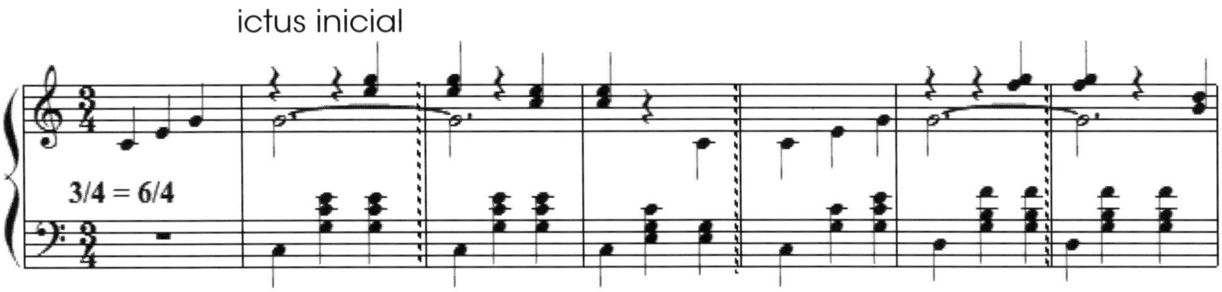

Elgar. De sus Variaciones Enigma (p. 10) se pueden extraer los siguientes ejemplos:

■ **Doble compás 12/8 + 4/4:**

12/8 + 4/4 2ª voz

■ **Compases de 1/1:**

Alkan, *Andante*:

en vez de:

Kalkbrenner, *Allegro*:

en lugar de:

Cramer, *Allegro*:

En lugar de:

Bartók, *A la memoria de Claude Debussy* (de improvisac. op. 20) 2 negras + 1 semicorchea:

Heller, *Estudio rítmico.* Claro ejemplo polimétrico entre 2 compases. La subdivisión (12/8 + 9/8) domina un sentimiento de pulsación ternaria, pese a la indicación de compás:

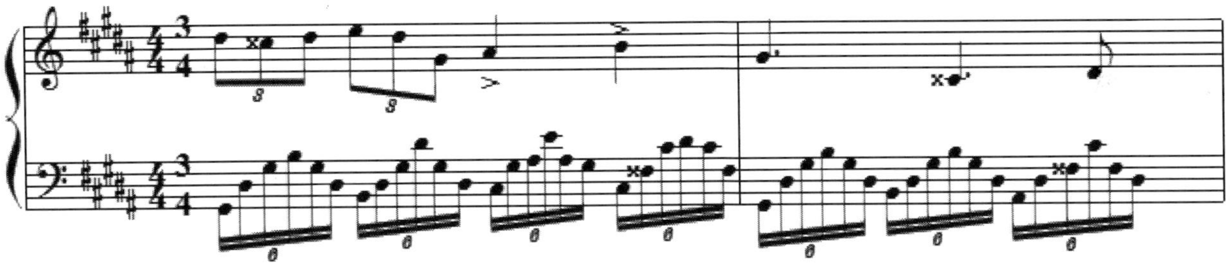

Debussy, *La catedral sumergida* (primer libro de *Préludes pour piano*, nº 10). En este caso, impera la subdivisión ternaria/binaria. El metro de los compases es contradictorio, se debe escuchar binario el primer compás y ternario el segundo:

Wagner, *Sigfrido* WWV 86C. Mano derecha, ternario; mano izquierda, binario:

Compases de 2/1 y 4/2 indicados también:

Beethoven, Sonata nº 32 op. 111 en su "Arietta". La medida pertenece a compases de 3/8 con una superposición originada por la subdivisión binaria y ternaria. En la misma obra:

35.- Metrónomo (y medidas)[25]

Es un aparato mecánico que realiza medidas concretas para la ejecución musical. Precedido por múltiples metrómetros, cronómetros musicales o ritmómetros y perfeccionado por Johann N. Mäelzel, 1772-1838, mecánico e inventor de la corte de Viena, por encargo de su amigo Beethoven.

Consiste en un aparato de relojería, dotado de un péndulo vertical oscilante con una pesa regulable en altura, que señala diferentes velocidades y cuya referencia es 1 minuto. El péndulo está marcado con cifras entre 40 y 208, velocidades estimativas mínima y máxima para medir desde ese minuto toda clase de obras musicales.

Los actuales metrónomos digitales cumplen, además, otras funciones: campanas de 2, 3, 4, 5 y 6 golpes y marcar subdivisión binaria y/o ternaria. Incorporan también señales acústicas y luminosas, afinación de todas las notas de la escala musical y una señal sonora del La3, que se puede graduar desde 415 Hz (afinación barroca), hasta 444 Hz (afinación contemporánea).

Muchos compositores suelen indicar al comienzo de las obras y en sus movimientos la velocidad apropiada para cada uno de ellos.

La distribución metronómica se realiza: 2 en 2 (entre 40 y 60); para 3 en 3 (de 60 a 72), los numerados de 4 en 4, (72 a 120); de 6 en 6, (120 a 144) y de 8 en 8, (144 a 208):

2 en 2 =	**40 - 42 - 44 - 46 - 48 - 50 - 52 - 54 - 56 - 58 – 60**
3 en 3 =	**60 - 63 - 66 - 69 – 72**
4 en 4 =	**72 - 76 - 80 - 84 - 88 - 92 - 96 - 100 - 104 - 108 - 112 - 116 - 120**
6 en 6 =	**120 - 126 - 132 - 138 – 144**
8 en 8 =	**144 - 152 - 160 - 168 - 176 - 184 - 192 - 200 – 208**

Figura 3.6. Distribuciones metronómicas

[25] Referencia de este interesante libro de Eduardo L. Chávarri (1949). *Vademecum Musical*. Selecciones Gráficas, Madrid.

Las medidas ayudan a establecer comparaciones más o menos apreciables con los términos de tempo generalmente indicados por los compositores al principio de las obras:

M.M.	Español	Italiano	Francés	Inglés	Alemán
20 - 40	*Muy lento*	***Grave***	*Lourd*	***Heavy***	*Schwer*
40 - 60	*Largo – Lento*	***Largo***	*Large*	***Broad***	*Breit*
60 - 66	*Lento – Despacio*	***Lento***	*Lent*	***Slow***	*Langsam*
66 - 76	*Adagio – Calmado*	***Adagio***	*Adagio*	***At ease***	*Adagio*
76 - 108	*Andante – Pausado*	***Andante***	*Allant*	***Medium slow***	*Gehend*
108 - 120	*Moderado*	***Moderato***	*Modéré*	***Moderate***	*Mässig*
120 -168	*Alegre – Animado*	***Allegro***	*Animé*	***Fast***	*Schnell*
168 - 208	*Vivo – Rápido*	***Vivace***	*Vif*	***Lively***	*Lebhaft*
+ 208	*Muy rápido*	***Presto***	*Trés vif*	***Very fast***	*Sehr schnell*

Figura 3.7. Terminología agógica en diferentes idiomas

Los términos italianos que indican la velocidad de ejecución terminados en "etto" son más ágiles que sus correspondientes sin esa terminación.

La utilización del metrónomo se indica en las partituras al comienzo de las mismas, por ejemplo, de la siguiente forma: **M.M. corchea = 60**. Colocada la pesa frente a un número determinado, el metrónomo marcará tantos golpes en un minuto como números indicados en el péndulo. Según el ejemplo indicado más arriba, se oirán **60** golpes por **minuto** o un golpe por segundo, equivalentes a 60 negras por minuto o una negra por segundo.

Siempre se deben reunir los **tres** indicadores de velocidad:

- Cifra indicadora
- Signo igual (=)

■ Figura correspondiente, que actúa como unidad de compás, de parte o de subdivisión.

El metrónomo es idóneo para conocer duraciones de obras en compases, minutos, o adoptar la velocidad adecuada de un fragmento musical[26].

■ Para conocer el minutaje exacto de una obra se divide el número de tiempos entre la velocidad del metrónomo. Por ejemplo: una obra en 3/4 que tiene 200 compases, y velocidad metronómica indicada de 120 para cada negra, hay 600 partes (200 x 3), que se dividen entre 120; o sea, 600:120 = 5. La duración exacta de la obra es de cinco minutos.

■ Para saber la velocidad de aplicación del metrónomo se divide el número de tiempos entre la duración en minutos y, aplicando el mismo ejemplo, tendremos 600 partes, que se dividen entre 5 minutos; o sea, 600: 5 = 120.

■ Para buscar el total de compases necesario para ocupar un minutaje dado, se multiplica la velocidad del metrónomo por la cantidad de minutos, y se divide entre la cantidad de tiempos o partes. Es decir: 120 (velocidad metronómica) x 5 (minutos): 3 (tiempos por compás) = 200.

Es interesante el estudio metronomizado aplicando los enunciados anteriores para establecer los metros con exactitud. La claridad respecto a velocidades implica seguridad en interpretación y audición.

Las indicaciones metronómicas (de autores, intérpretes o editoriales) a veces son **contradictorias**. A modo de ejemplo:

■ Chopin, Nocturno nº 6, *Largo*, 3/4, blanca c/puntillo = 60 (negra = 180)

■ Chopin, Nocturno nº 5, *Larghetto*, 2/4, negra = 40

El *Largo* resulta casi 5 veces más rápido que este *Larghetto*

---

[26] Más información en p. 83.

Otras medidas diferenciadas:

- Chopin, estudio nº 5, *Vivace*, 2/4, negra = 116

- Chopin, estudio nº 10, *Assai Vivace*, 12/8, negra con puntillo = 152

El *Assai vivace* es más rápido que el *vivace*, y este más lento que el *largo* del nocturno nº 6

Ejemplo de 4 indicaciones al Grave de la sonata op. 13 (*Patética*) de Beethoven:

- Moscheles, corchea = 60

- Marmontel, negra = 92

- Le Couppey, negra = 44

- Lemoine, negra = 63

Conclusión: la interpretación de Marmontel es 3 veces más rápida que la de Moscheles.

Otro ejemplo sobre la *Marcha Fúnebre* de la 3ª Sinfonía de Beethoven:

- Beethoven, corchea 80 = 12½ minutos

- Koutsevisky, corchea 74 = 13½ minutos

- Beecham, corchea 62 = 16 minutos

- Toscanini, corchea 52 = 19 minutos

Destacar que las velocidades de interpretación son influenciadas solo por la sensibilidad musical de los propios intérpretes, que aplican así su impronta personal.

4

ESCALAS Y TONALIDADES (II)

El trabajo ofrecido a continuación es una guía completa con referencias de las principales escalas trabajadas actualmente, agregando tipos de escala que hemos considerado de conocimiento vital en la formación artística de un músico completo, aportando comentarios de tonalidades con fórmulas para la búsqueda y manejo de las mismas que aporten seguridad en este tema.

36.- Las escalas pentáfonas, pentafónicas o pentatónicas

Tienen 5 sonidos y, en su primer modo, mantienen distancias interválicas de tres 2ª mayores y dos 3ª menores. Para su realización, sobre la escala Jónica, se evitan IV y VII grados. Al carecer de sensible (VII grado), estas escalas no tienen funciones cadenciales (o resoluciones), apreciando en sus melodías un movimiento continuo.

I - II	II - III	III - IV	IV - V	V - I
Do - re	re - mi	mi - sol	sol - la	la - do
2ª M	2ª M	3ª m	2ª M	3ª m

Figura 4.1. Cuadro explicativo de las escalas pentáfonas

Las escalas pentáfonas se pueden presentar en **5 modos** o tipos. El primer modo se reconoce por la ubicación de las dos 2ª mayores consecutivas.

Los modos mantienen un **acróstico** con la lectura vertical de la primera nota en cada escala (do-re-mi-sol-la), que además facilita su memorización:

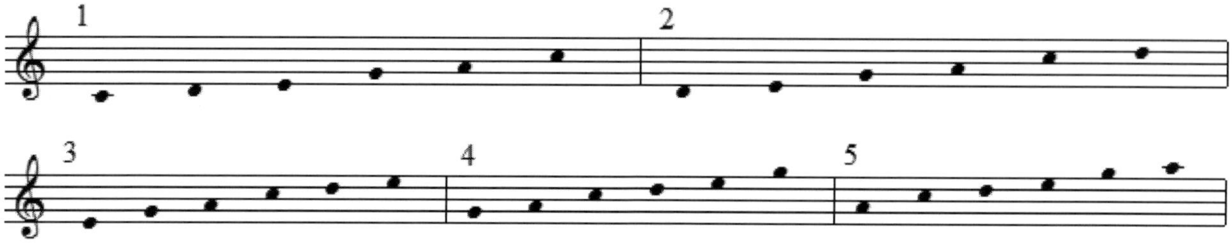

Pueden ser transportadas a todas las tonalidades, igual que en el sistema diatónico.

El motivo del movimiento continuo se genera porque es imposible crear funciones cadenciales tradicionales. En Do carecemos de fa y si, típicos sonidos cadenciales.

Curiosidades pentáfonas:

■ Una escala pentáfona **menor** en un transporte a do de la escala del 5º modo (la-do-re-mi-sol-la):

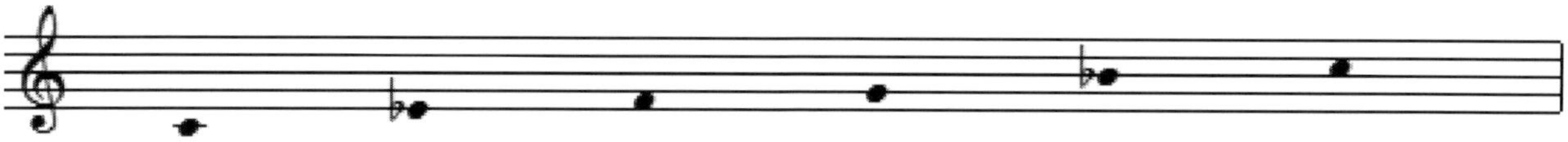

■ Un **pentacordo** cromático con pedal discontinua do grave:

■ Continuación. Comienza con **5ª justa**, y tiene 6ª menor, 6ª mayor, 7ª menor y 7ª mayor:

37.- Las escalas hexáfonas, hexafónicas, hexátonas o hexatónicas

Contienen 6 tonos enteros o cinco 2ª mayores. Para el equilibrio de tonos que se perciben auditivamente, es preciso incluir un intervalo de 3ª disminuida que actúe como tono entero. Al no disponer de notas sensibles o resolución por notas de atracción, aportan un colorido novedoso en la música. Se aplican en obras de **Impresionismo** y **Siglo XX** (Debussy, Ravel, Albéniz, Granados…).

La 8ª básica se divide en 2 secciones simétricas de un tritono cada una. Su base se integra con tres sonidos: Sib, Do, Re, Mi, logrando así la construcción de solo cinco escalas, que no son transportes unas de otras, sino enarmonías. El ejemplo 1 (Fila 1) contiene una 8ª completa y solo tonos enteros, pero se integra con 7 sonidos por la enarmonía (La♯-Si♭). En los ejemplos 2, 3, 4 y 5 existen 3ªs disminuidas.

1	Si*b*	Do	Re	Mi	Fa#	Sol#	La#
2	Do	Re	Mi ↔	Sol♭	La♭	Si♭	Do
3	Do	Re	Mi	Fa# ↔	La♭	Si♭	Do
4	Do	Re	Mi	Fa#	Sol# ↔	Si♭	Do
5	Do	Re	Mi	Fa#	Sol#	La# ↔	Do

Figura 4.2. Tipos de escalas hexáfonas

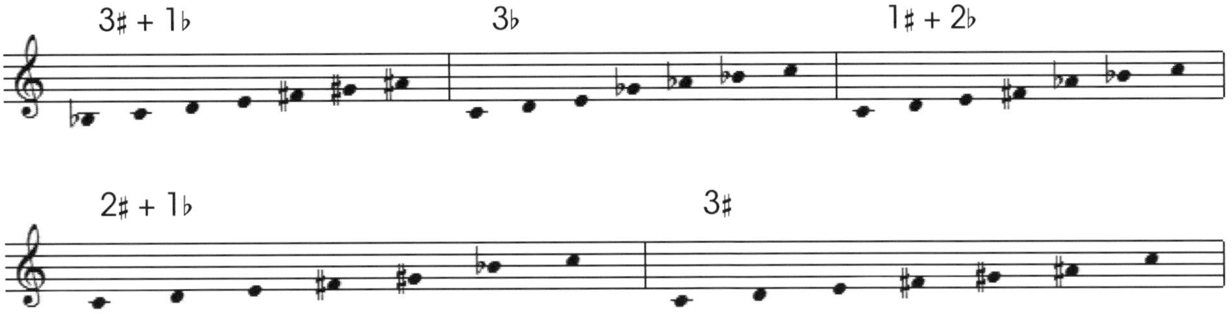

No existen tipos de escalas hexáfonas, como I, II, III… Además, las escalas hexátonas se pueden transportar a todas las tonalidades.

38.- Las escalas sintéticas

Escalas sintéticas, también llamadas **originales**: con notas ajenas a las escalas diatónicas, producen efectos especiales en la música.

Con la sonoridad de sus alteraciones, y una interválica novedosa en el sistema tonal tradicional, se aplican a una tímbrica muy determinada. Algunos ejemplos:

Hispano-árabe (doble armónica): tiene 4 semitonos diatónicos, 1 tono y 2 terceras menores.

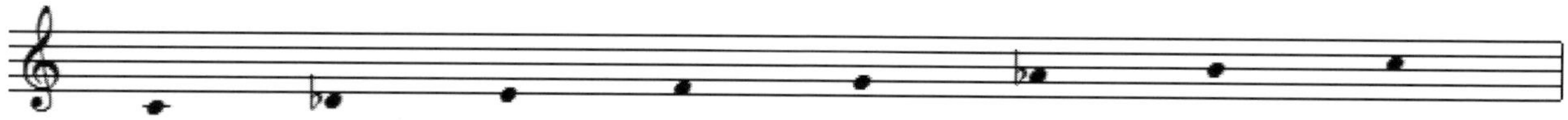

Enigmática: formada por 3 tonos, 3 semitonos y una 3ª menor.

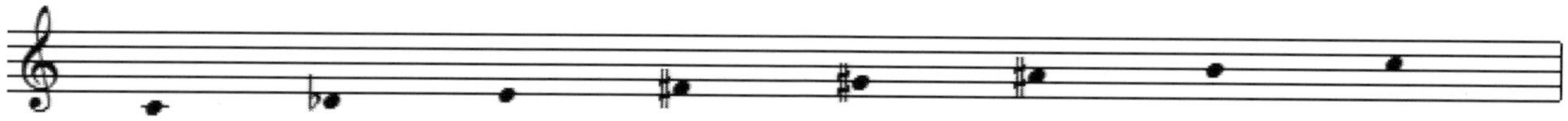

Acústica: contiene 5 tonos y 2 semitonos.

Locria mayor: se integra con 5 tonos y 2 semitonos.

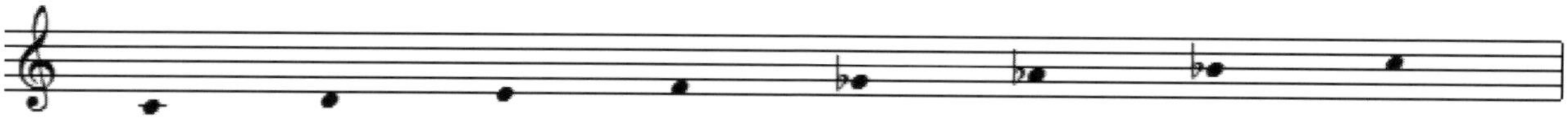

Menor zíngara o húngara: tiene 1 tono, 4 semitonos y 2 segundas aumentadas.

Oriental o de Wollet: 1 tono, 4 semitonos y 2 segundas aumentadas.

Aunque un simple sonido, a través de su serie de armónicos, sugiere una escala mayor, la formación está parcialmente racionalizada. Esta escala mayor es solo una de tantas escalas contenidas en los doce sonidos básicos de la escala cromática, que se encuentra en la región superior de las series de armónicos. El libre emplazamiento de los grados de la escala permite la formación de escalas originales fuera del ámbito trillado de los modos mayor y menor.

Las escalas más originales se construyen por la sucesión de cualquier número de segundas mayores, menores y aumentadas en un orden cualquiera. Las posibilidades de permutación son alternadas y el proceso matemático tiene una pequeña conexión creativa con la composición. Es aconsejable que las escalas puedan formarse como resultado de la sugestión de los modelos melódicos o armónicos. El material generado por las ideas temáticas puede entonces ser reunido y dispuesto en una formación escalística.

Algunas escalas originales o sintéticas son usadas más a menudo que otras. Las más conocidas coinciden a menudo con escalas folklóricas. A veces se denominan:

La escala **enigmática** original en A y A'. B, C, y D salen por traslación de la fundamental, y en pentagramas inferiores las mismas escalas transportadas a Do:

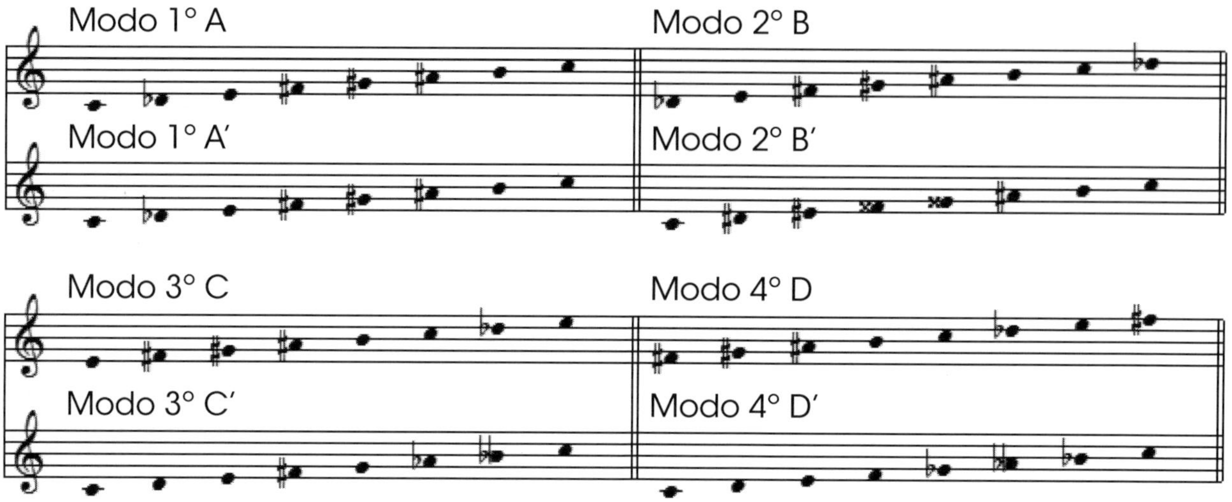

La utilidad armónica de las nuevas escalas se determina por sus materiales acórdicos originales y cada escala tiene una serie de acordes en su propia interválica reunida. Los acordes primarios son el de la tónica más dos triadas que incluyen grado/s de la escala con las características de color más determinantes de la escala en cuestión.

En relación a la escala española de 8 sonidos, se podría vincular con la llamada escala diatónico-cromática española por algunos folkloristas (aunque lleva sol natural).

La sintética, de siete sonidos y ámbito de octava (como una escala mayor o menor), la forman dos grupos de cuatro sonidos (tetracordos) que repiten la tónica en el octavo grado. Estos tetracordos pueden ser semejantes, como en las escalas mayor y doble armónica, o diferentes, como en las escalas armónica menor y la húngara mayor.

El principio de construcción modal que genera los siete modos diatónicos (dórico, frigio, etc.) puede aplicarse a cualquier escala o tonalidad, logrando múltiples versiones. La primera versión modal de cualquier escala comienza en la tónica, la segunda en la supertónica, etc.

39.- La escala octatónica, octotónica de 8 notas o disminuida

Tiene 2ª mayores y menores alternas (se conoce como tono-semitono-tono) y la mayoría de acordes posibles son disminuidos. Solo podemos acceder a 2 modos originales de la misma: una (A) que se inicia con una 2ª mayor y la otra (B) que comienza con la 2ª menor. Solo admite 3 transportes: la primera en los ejemplos (C), contiene do♯ y re♯ y la última (D) que contiene re y mi. Cualquier otro transporte o modo solo duplicaría el contenido del material.

Contiene todos los intervalos, desde la 2ª menor a la 7ª mayor, y posee recursos abundantes en material, tanto melódico como armónico. Además, posibilita todas las triadas, excepto la aumentada. Son posibles también 4 de los 5 tipos comunes de acordes de séptima (solo falta el de 7ª mayor).

Como todas las escalas acusa debilidades: su construcción simétrica (característica compartida con la escala de tonos enteros) y esto dificulta el establecimiento de una tonalidad central. Entre los primeros compositores de esta escala citamos a Ravel, Rimsky-Korsakov y Scriabin.

En presencia de un tetracordo de una escala mayor, los sonidos de color están fuera del tetracordo. Pero si la escala no contiene tetracordo mayor, los acordes primarios distintos a la tónica son aquellas triadas enarmónicas de una triada mayor o menor. Si no existen triadas mayores o menores enarmonizadas, el sonido o sonidos característicos se encontrarán en aquellos que forman intervalos aumentados o disminuidos con la tónica. Las triadas restantes son las formaciones secundarias que funcionan dentro de la gravitación de los acordes primarios.

Figura 4.1. Escala original, y luego, transportada por Webern para su Cuarteto en Fa op. 28

40.- Las escalas politónicas

Escalas politónicas o bitonales: reúnen en su armadura de clave hasta un total de **5** alteraciones, ascendentes y descendentes, entre las que debe aparecer por lo menos una de ellas de signo contrario al de las restantes. El primer grupo de alteraciones constituye la tonalidad de la escala y sus posibles combinaciones son:

# =	1	2	3	4	+	♭=	2	3	4
♭=	1	1	1	1	+	# =	1	1	1
	♭=	2	2	2	+	# =	2	2	
		♭=	3	3	+	# =	3		
			♭=	4	+	# =	1		

Figura 4.3. Posibles combinaciones de alteraciones en las escalas politónicas

El listado de escalas politónicas con sus alteraciones produce novedosos efectos sonoros. En armaduras de clave su ubicación debe aportar claridad al intérprete. La lógica indica que se distribuyan en el orden tradicional, evitando errores de lectura. Es interesante llevar a la práctica ejecución y audición de estos sistemas, incluyendo una transposición de los mismos, para mejor comprensión de la música más actual.

1♯ + 1♭	Sol	La	**Si♭**	Do	Re	Mi	**Fa♯**	Sol
Sol 3° tipo	I	II	III	IV	V	VI	VII	VII
1♯ + 2♭	Sol	La	**Si♭**	Do	Re	**Mi♭**	**Fa♯**	Sol
Sol 2° tipo	I	II	III	IV	V	VI	VII	VII
1♯ + 3♭	Sol	**La♭***	**Si♭**	Do	Re	Mi	**Fa♯**	Sol
	I	II	III	IV	V	VI	VII	VII
1♯ + 4♭	Sol	**La♭***	**Si♭**	Do	**Re♭**	**Mi♭**	**Fa♯**	Sol
	I	II	III	IV	V	VI	VII	VII
2♯ + 1♭	Re	Mi	**Fa♯**	Sol	La	**Si♭**	**Do♯**	Re
Re 2° tipo	I	II	III	IV	V	VI	VII	VII
2♯ + 2♭	Re	**Mi♭***	**Fa♯**	Sol	La	**Si♭**	**Do♯**	Re
	I	II	III	IV	V	VI	VII	VII
2♯ + 3♭	Re	**Mi♭***	**Fa♯**	Sol	**La♭**	**Si♭**	**Do♯**	Re
	I	II	III	IV	V	VI	VII	VII
3♯ + 1♭	La	**Si♭***	**Do♯**	Re	Mi	**Fa♯**	**Sol♯**	La
	I	II	III	IV	V	VI	VII	VII
3♯ + 2♭	La	**Si♭***	**Do♯**	Re	**Mi♭**	**Fa♯**	**Sol♯**	La
	I	II	III	IV	V	VI	VII	VII
4♯ + 1♭	Mi	**Fa♯**	**Sol♯**	La	**Si♭**	**Do♯**	**Re♯**	Mi
	I	II	III	IV	V	VI	VII	VII
2♭ + 1♯	Si♭	Do	Re	Mi♭	**Fa♯**	Sol	La	Si♭
	I	II	III	IV	V	VI	VII	VII
2♭ + 2♯	Si♭	**Do♯**	Re	Mi♭	**Fa♯**	Sol	La	Si♭
	I	II	III	IV	V	VI	VII	VII
2♭ + 3♯	Si♭	**Do♯**	Re	Mi♭	**Fa♯**	**Sol♯**	La	Si♭
	I	II	III	IV	V	VI	VII	VII
3♭ + 1♯	Mi♭	**Fa♯**	Sol	La♭	Si♭	Do	Re	Mi♭
	I	II	III	IV	V	VI	VII	VII
3♭ + 2♯	Mi♭	**Fa♯**	Sol	La♭	Si♭	**Do♯**	Re	Mi♭
	I	II	III	IV	V	VI	VII	VII
4♭ + 1♯	La♭	Si♭	Do	Re♭	Mi♭	**Fa♯**	Sol	La♭
	I	II	III	IV	V	VI	VII	VII

Figura 4.4. Desarrollo de escalas politónicas o politonales [27]

[27] El * tras la nota significa II grado napolitano.

Este sistema escalístico aporta riqueza tonal y/o modal, proporcionando accesos mediante el transporte a casi todas las tonalidades del sistema musical.

Figura 4.5. Ejemplos de las escalas politónicas en sus tonalidades "reales".

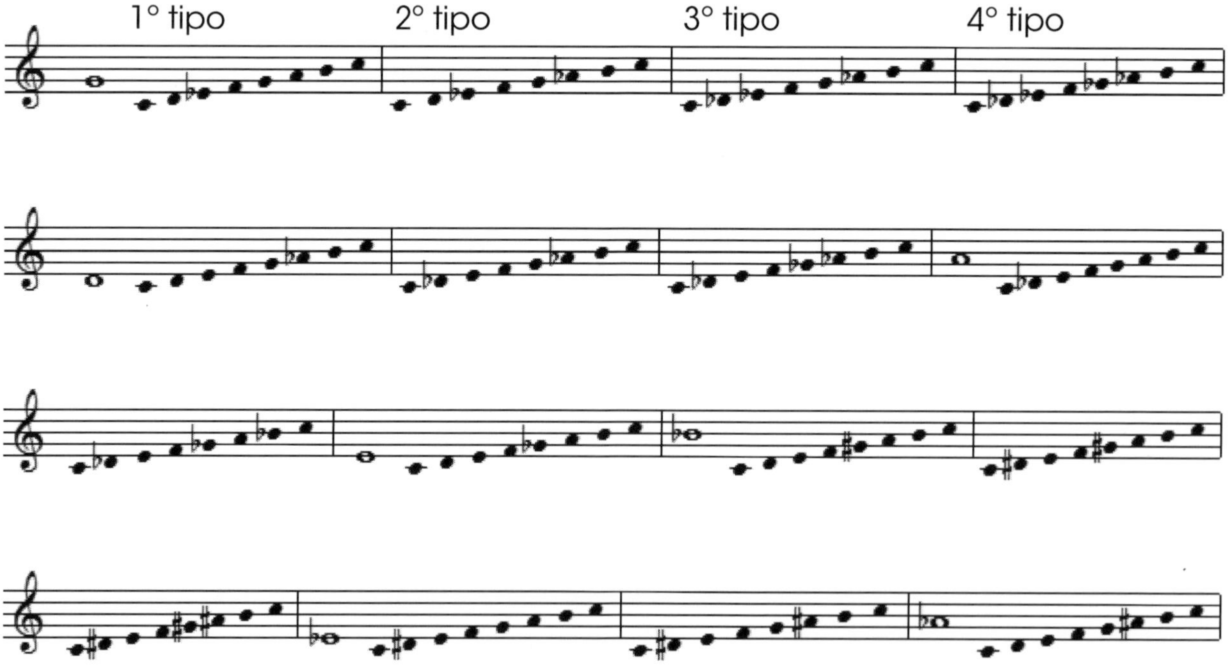

Figura 4.6. Ejemplos de las escalas politónicas transportadas al modo Do

41.- El círculo de quintas o sutura enarmónica

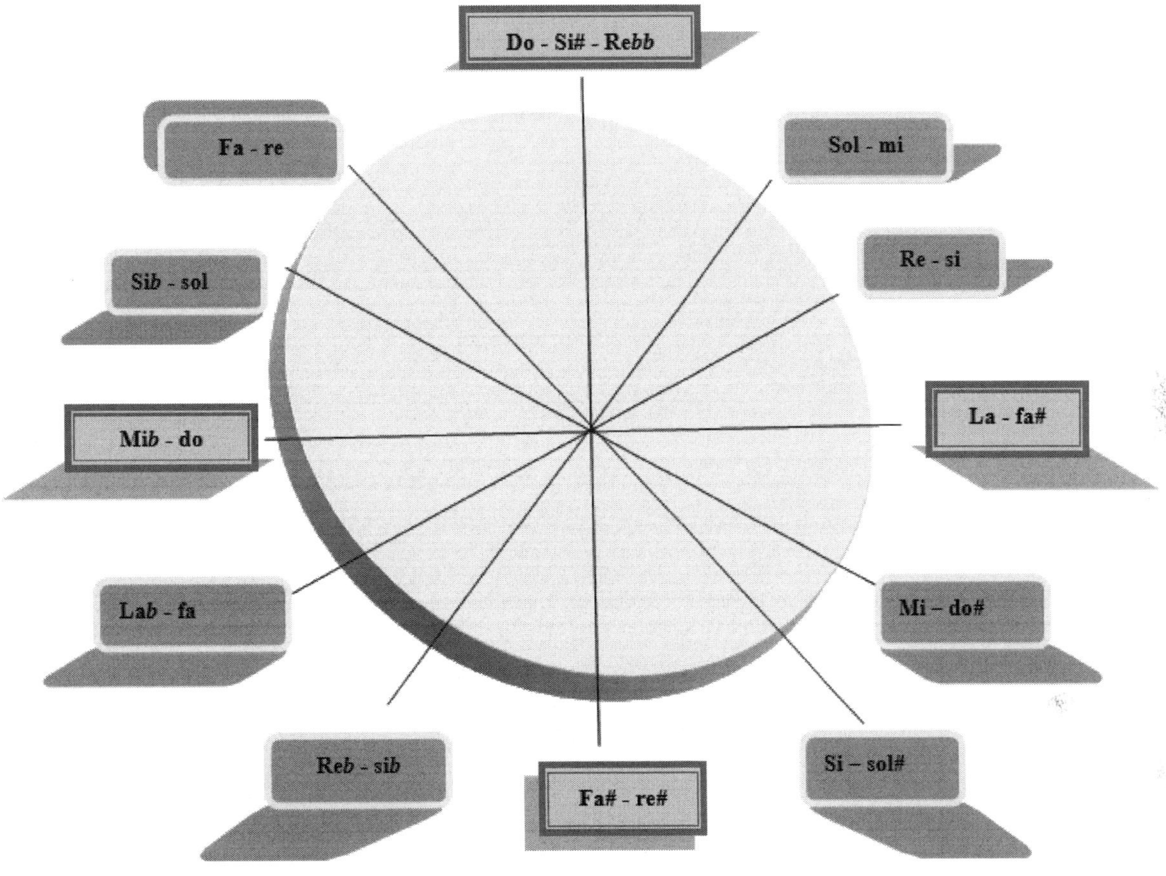

Figura 4.7. Sutura enarmónica

Para enarmonizar dos (o 3) tonalidades, se necesita un total de **12** alteraciones. En la zona de FA♯-RE♯ con SOL♭-MI♭ [6 + 6] se cumple esta condición, denominada **sutura enarmónica**. Es la simbiosis de ♯ y ♭, sumando 12 alteraciones. Igual resultado obtenemos con la suma de 7♯-5♭ o 7♭-5♯, pero sumando alteraciones de una especie y restando de la contraria para obtener un total de 12, llegamos al campo de dobles alteraciones. Aquí podemos percibir la lejanía interválica entre dos tonalidades separadas por un **tritono** [4ª aum-5ª dism] que proponen las **tonalidades antipódicas**:

"Los sentimientos sencillos requieren tonalidades sencillas. Los complicados requieren las que raramente llegan a nuestros oídos. De este modo, podría observarse una suerte de ascenso y caída de los sentimientos a lo largo del círculo de quintas. Fa sostenido,

el llamado tritono, punto medio de la octava, es el punto más alto, la cumbre a partir de la cual se desciende a través de las tonalidades con bemoles de nuevo a la sencilla y despojada tonalidad de do mayor." *(***R. Schumann***).*

42.- El carácter tonal

Las tonalidades suelen representar, para los sentimientos o la imaginación, unas sensaciones que se pueden asociar a diferentes escenas. Los teóricos, músicos y científicos han analizado los efectos producidos por tonalidades y/o modalidades, relacionados con ciertas obras tradicionales de compositores célebres.

Para fundamentar el enunciado precedente, hay varias teorías que atribuyen características a las tonalidades, pero dos teóricos se ajustan bastante en sus apreciaciones. Son los eminentes musicólogos Hans Joachim Möser[28] y Juan José Mantecón[29].

sol	atmósfera tonal adecuada para	Suave melancolía
do		Obstinación sombría
La		Energía festiva
Mi		Brillo luminoso
si	para J. S. **Bach**	Fervor religioso, afán del más allá
Do		Pompa terrenal

Figura 4.8. Teoría de las características según H. J. Möser

[28] Reconocido pedagogo y musicólogo de origen austriaco (1889-1967), autor de diversos tratados musicológicos. Véase H. J. Moser (1965). *Teoría general de la música*. México DF: Unión Tipográfica Editorial Hispano-Americana.

[29] Historiador, pedagogo y musicólogo español (Vigo, 1895-Madrid, 1964), prolífico autor de estudios analítico-musicales, así como tratados de interés global para la difusión de la música a nivel popular. Véase J. Mantecón (1957). *Introducción al estudio de la música*. Editorial Labor: Barcelona, p. 227.

Do	Diario, vulgar, familiar
Sol	Gracioso, insignificante
Re	Positivo, fresco, afirmativo
La	Claro, brillante
Mi	Poético, ligero
Si	Puro, claro
Fa	Místico, misterioso, soñador
Si♭	Sublime, solemne, pomposo

Figura 4.9. Teoría de las características según J.J. Mantecón

Las características expuestas generalmente coinciden con sentimientos personales de compositores, que han aportado gran valor psicológico a muchas de ellas. Según Hans Joachim Moser:

- DoM - lam se consideran tonalidades neutras, cotidianas.

- Cuanto más se sube en la cadena de las 5as, tanto más aparecen como incorpóreas y ultraterrenales.

- En las tonalidades por bemoles, cuanto mayor es el descenso, se representan más sombrías y graves.

- En la sutura enarmónica (ambos modos) encontramos otra vez lo sublime y extraordinario como polo opuesto al ámbito "trillado" y trivial de Fa, Do y Sol junto a sus paralelas menores.

Según Mantecón:

- Aparentemente, cuanto más alejada se encuentre una tonalidad de Do M, más se siente como refinada y exquisita.

- Se atribuye al modo mayor, en general, un carácter decisivo, cerrado y claro.

- En sentido opuesto, el modo menor propicia un matiz lábil, gemebundo y tristón, oriental y exótico.

■ Posiblemente esto provenga no solo por sus 3as y 6as menores, sino también por el salto de 2ª aumentada entre los grados VI y VII y en sus dos tipos (armónica y melódica), que se aprecia menos decisivo que el modo mayor.

Tonalidad[30]	**Según Rimsky-Korsakov**	**Según Skriabin**
Do	Blanco	Rojo
Sol	Castaño, dorado, brillante	Rosado anaranjado
Re	Amarillo, soleado	Amarillo, brillante
La	Rosado, claro	Verde
Mi	Azul, záfiro, centelleante	Blanco azulado
Si	Sombrío, azul oscuro con acero	Blanco azulado
Fa♯	Verde grisáceo	Azul brillante
Re♭	Crepuscular, cálido	Violeta
La♭	Violeta, grisáceo	Violeta purpúreo
Mi♭	Oscuro, sombrío, gris azulado	Acero con brillo metálico
Si♭	-	Acero con brillo metálico
Fa	Verde	Rojo

Figura 4.10. Colores asociados a las tonalidades según Rimsky-Korsakov y Skriabin

[30] "El sonido, como el color, es divisible hasta lo infinito". E. Willems (1979). *Las bases psicológicas de la educación musical* (4ª ed.). Buenos Aires: Editorial Universitaria de Buenos Aires.

Haydn	1732-1809	**24%**
Mozart	1756-1791	**16%**
Beethoven	1770-1827	**44%**
Weber	1786-1826	**25%**
Schubert	1797-1828	**26%**
Mendelsshon	1809-1849	**75%**
Chopin	1810-1849	**92%**
Schumann	1810-1856	**58%**
Brahms	1833-1897	**177%**
Grieg	1843-1907	**99%**
Reger	1873-1917	**76%**

Tabla 4.11. Comparativa del modo menor para composiciones de obras pianísticas entre clasicismo y post-romanticismo[31]

[31] Épocas de significativo aumento del modo menor. No figura en esta tabla Wagner, pues no compuso obras para piano. J.J. Mantecón, *Introducción al estudio de la música*, p. 227.

5

ESCALAS Y TONALIDADES (III)

43.- Presentación

Presentamos un trabajo fruto de largos años de investigación, que muchos autores han insistido en denominar el “reino de los sonidos”, por ser vertiente de los distintos tipos de música en el mundo.

Como es sabido, toda escala se encarga de nutrir las diferentes melodías y muchos compositores han ideado sus propias escalas para obtener una sonoridad acorde con la atmósfera necesaria para una determinada paleta instrumental y/o vocal. También es base en la música de países y regiones, caracterizada por tipos de escalas que aportan su propia identidad como referente de distintos caracteres humanos, sociales y étnicos, como el sistema carnático hindú con sus 72 escalas.

Aunque algunas escalas coinciden en cuanto a nombres o distancias interválicas, hemos preferido mantenerlas con las mismas características originales, pues por motivos de tónicas o denominaciones, son representativas de países o regiones.

Las escalas que contienen enarmonías están indicadas con un asterisco en la celda correspondiente.

La extensión de este trabajo se multiplicaría en caso de incluir las pertinentes explicaciones, por lo que no se adjuntan en esta presentación. Se presentan a título informativo para su conocimiento.

44.- Índice temático

Tabla 5.1	Diatónica, mayor-mixta principal, mayor-mixta secundaria, mixta principal (M y m), menores: natural, armónica, melódica, dórica, mixta, menor italiana, suavizada, menor de Bach, Oriental (M y m), egipcia, bohemia, enigmática, hexátona, hexátona enarmónica, pentáfona, pentatónica, politónica, incaica (M y m), cromática mayor.
Tabla 5.2	De 2ª aumentadas, de Prometeo, de Scriabin, enigmática de Verdi, bohemia, zíngara, hexátona contemporánea, de Oriente (3 tipos), Vinèe (a, b, c), bifónica, trifónica, tetrafónica, hipermayor, egipcia mayor, oriental mayor, menor italiana, pentáfona china, anhemitónica original, pentatónica china, mayor mística.
Tabla 5.3	Cromática integral, hexátonas enarmónicas, enarmónica menor, politónica de Wollet, pentafónica de Gevaert (4 modos), mestiza mayor, de Hauptmann, de nueve notas, de Esplá, pentáfona china, de nueve notas de Cherepnin, combinada de Esplá, pentáfona china, de cuatro semitonos (rusa), cromáticas mayores (6 tipos), hexáfona de Arequipa, huancavélica peruana, jonica, dórica, frigia.
Tabla 5.4	Lidia, mixolidia, eolia, locria, cromáticas menores (6 tipos), dórica alterada, lidia con 7ª menor, escala bartokiana, inicio del sistema carnático India (72 escalas, 2 modos).
Tabla 5.5	Continuación sistema carnático de India.
Tabla 5.6	Final del sistema carnático, modos gregorianos, modos griegos. Dórica, frigia, lidia y mixolidia auténticas, hipodórica plagal, hipo frigia, hipolidia, hipomixolidia plagales del gregoriano, lidia, frigia dórica o hipomixolidia hipolidia, hipofrigia griegas.
Tabla 5.7	Hipodórica y mixolidia griegas, magyar menor, enarmónica mayor (6♯ y 6♭), pentafónicas mayores (5 modos), ciclo cerrado de cuartas, simétrica disminuida, superdominante, de blues, pentatónica menor, árabe, autentus deuterus, género enarmónico y género cromático (influencia china y árabe en Grecia), género neocromático, napolitana menor, napolitana mayor, doble armónica, oriental, húngara mayor, hindú.

Tabla 5.1

©	*Do*		*Re*		*Mi*	*Fa*		*Sol*		*La*		*Si*	*Do*
1.	**Diatónica mayor**					**UNIVERSAL**							
2.	*Do*		*Re*		*Mi*	*Fa*		*Sol*		*La*		*Si*	*Do*
3.	**Mayor-mixta principal**					**ZAMACOIS**							
4.	*Do*		*Re*		*Mi*	*Fa*		*Sol*	*La♭*			*Si*	*Do*
5.	**Mayor-mixta secundaria**					**ZAMACOIS**							
6.	*Do*		*Re*		*Mi*	*Fa*		*Sol*	*La♭*		*Si♭*		*Do*
7.	**Mixta principal {M y m}**					**S.D.M.**							
8.	*Do*		*Re*	*Re♯*	*Mi*	*Fa*		*Sol*	*Sol♯*	*La*	*La♯*	*Si*	*Do*
9.	**Menor natural 1er tipo**					**UNIVERSAL**							
10.	*Do*		*Re*	*Mi♭*		*Fa*		*Sol*	*La♭*		*Si♭*		*Do*
11.	**Menor armónica 2° tipo**					**UNIVERSAL**							
12.	*Do*		*Re*	*Mi♭*		*Fa*		*Sol*	*La♭*			*Si*	*Do*
13.	**Menor melódica 3er tipo**					**LINIGKE, 1754**							
14.	*Do*		*Re*	*Mi♭*		*Fa*		*Sol*		*La*		*Si*	*Do*
15.	**Menor dórica 4° tipo**					**UNIVERSAL**							
16.	*Do*		*Re*	*Mi♭*		*Fa*		*Sol*		*La*	*Si♭*		*Do*
17.	**Menor mixta**					**UNIVERSAL**							
18.	*Do*		*Re*	*Mi♭*		*Fa*		*Sol*		*La*	*Si♭*		*Do*
19.	**Menor italiana {*desciende sensible*}**						**ITALIA**						
20.	*Do*		*Re*	*Mi♭*		*Fa*		*Sol*	*La♭*		*Si♭*		*Do*
21.	**Menor suavizada**					**EUROPA**							
22.	*Do*		*Re*		*Mi*	*Fa*		*Sol*	*La♭*			*Si*	*Do*
23.	**Menor de Bach**					**ALEMANIA**							
24.	*Do*		*Re*	*Mi♭*		*Fa*		*Sol*		*La*		*Si*	*Do*
25.	**Oriental mayor**					**CHINA- JAPÓN**							

Tabla 5.1 (bis)

26.	Do	Re♭			Mi	Fa		Sol	La♭			Si	Do
27.	**Oriental menor**					**CHINA - JAPÓN**							
28.	Do		Re	Mi♭		Fa	Sol♭	La♭♭				Si	Do
29.	**Egipcia**					**EGIPTO**							
30.	Do	Re♭		Mi♭		Fa	Sol♭	La♭♭				Si	Do
31.	**Bohemia**					**HUNGRÍA**							
32.	Do		Re	Mi♭		Fa	Sol♭		La♭			Si	Do
33.	**Enigmática**					**CONTEMPORÁNEA**							
34.	Do	Re♭			Mi		Fa♯		Sol♯		La♯	Si	Do
35.	**Hexátona**					**CONTEMPORÁNEA**							
36.	Do		Re		Mi		Fa♯*		Sol♯*		La♯*		Do
37.	**Hexátona enarmónica**					**CONTEMPORÁNEA**							
38.		Re♭		Mi♭		Fa		Sol		La		Si	
39.	**Pentáfona**					**UNIVERSAL**							
40.	Do		Re		Mi			Sol		La			Do
41.	**Pentatónica**					**RIEMANN**							
42.	Do		Re			Fa		Sol			Si♭		Do
43.	**Politónica**					**CONTEMPORÁNEA**							
44.	Do		Re		Mi		Fa♯	Sol		La	Si♭		Do
45.	**Incaica mayor**					**PERÚ**							
46.	Do		Re		Mi			Sol		La			Do
47.	**Incaica menor**					**PERÚ**							
48.			Re		Mi			Sol		La		Si	
49.	**Cromática mayor**					**UNIVERSAL**							
50.	Do	Do♯*	Re	Re♯*	Mi	Fa	Fa♯*	Sol	Sol♯*	La	La♯*	Si	

Tabla 5.2

©	*Do*		*Re*		*Mi*	*Fa*		*Sol*		*La*		*Si*	*Do*
1.	**De 2as. aumentadas**					**WOLLET**							
2.	*Do*	*Re♭*			*Mi*	*Fa*	*Sol♭*			*La*	*Si♭*		*Do*
3.	**De Prometeo**					**SCRIABIN**							
4.	*Do*		*Re*		*Mi*		Fa♯			*La*	*Si♭*		*Do*
5.	**De Scriabin**					**SCRIABIN**							
6.	*Do*	*Re♭*			*Mi*		Fa♯			*La*	*Si♭*		*Do*
7.	**Enigmática**					**VERDI**							
8.	*Do*	*Re♭*			*Mi*		Fa♯		*Sol♯*		*La♯*	*Si*	*Do*
9.	**Bohemia**					**HUNGRÍA**							
10.	*Do*		*Re*	*Mi♭*		*Fa*	*Sol♭*		*La♭*			*Si*	*Do*
11.	**Zíngara**					**ZAMACOIS**							
12.	*Do*		*Re*	*Mi♭*			Fa♯	*Sol*	*La♭*			*Si*	*Do*
13.	**Hexátona**					**CONTEMPORÁNEA**							
14.	*Do*		*Re*		*Mi*		Fa♯*		Sol♯*		La♯*		*Do*
15.	**De Oriente**					**BOURGAULT**							
16.		Do♯	*Re*		*Mi*	*Fa*			*Sol♯*	*La*	*Si♭*		
17.	**De Sanctis {*a*}**					**SETACCIOLI**							
18.	*Do*	*Re♭*			*Mi*	*Fa*			*Sol♯*	*La*			*Do*
19.	**De Sanctis {*b*}**					**SETACCIOLI**							
20.	*Do*			*Re♯*	*Mi*			*Sol*	*La♭*			*Si*	*Do*
21.	**De Sanctis {*c*}**					**SETACCIOLI**							
22.	*Do*		*Re*	*Mi♭*		*Fa*	Fa♯		*Sol♯*	*La*		*Si*	*Do*
23.	**Vinèe {*a*}**					**ARMONÍA APLICADA**							
24.	*Do*			*Re♯*	*Mi*		Fa♯			*La*	*Si♭*		*Do*
25.	**Vinèe {*b*}**					**ARMONÍA APLICADA**							

Tabla 5.2 (bis)

26.	*Do*		*Re*		*Mi*	*Fa*	*Fa♯*		*Sol♯*		*La♯*	*Si*	*Do*
27.	**Vinèe** {*c*}					**ARMONÍA APLICADA**							
28.	*Do*		*Re*		*Mi*		*Fa♯*		*Sol♯*	*La*	*La♯*	*Si*	*Do*
29.	**Bifónica** {*dos 4as aum*}					**WAGNER (Sigfrido)**							
30.	*Do*						*Fa♯**						*Do*
31.	**Trifónica** {*tres 3as. mayores*}					**BUSSONI**							
32.	*Do*				*Mi*				*Sol♯*				*Do*
33.	**Tetrafónica** {*cuatro 3as. menores*}					**BUSSONI**							
34.	*Do*			*Mi♭**			*Sol♭**			*La*			*Do*
35.	**Hipermayor**					**KOECHLIN**							
36.	*Do*		*Re*		*Mi*		*Fa♯*	*Sol*		*La*		*Si*	*Do*
37.	**Egipcia mayor**					**EGIPTO**							
38.	*Do*	*Re*		*Mi♭*			*Fa♯*	*Sol*	*La♭*			*Si*	*Do*
39.	**Oriental mayor**					**ARABIA**							
40.	*Do*		*Re*	*Mi♭*			*Fa♯*	*Sol*	*La♭*			*Si*	*Do*
41.	**Menor italiana**					**ITALIA**							
42.	*Do*		*Re*	*Mi♭*		*Fa*		*Sol*		*La*		*Si*	*Do*
43.	**Pentáfona china**					**CHINA**							
44.	*Do*		*Re*			*Fa*		*Sol*			*Si♭*		*Do*
45.	**Anhemitónica original** {*6 tonos*} **UNIVERSAL**												
46.	*Do*		*Re*		*Mi*		*Fa♯**		*La♭*		*Si♭*		*Do*
47.	**Pentatónica china**					**CHINA**							
48.	*Do*		*Re*			*Fa*		*Sol*		*La*			*Do*
49.	**Mayor mística**					**SCRIABIN**							
50.	*Do*		*Re*		*Mi*		*Fa♯**			*La*	*Si♭**		*Do*

Tabla 5.3

©	Do		Re		Mi	Fa		Sol		La		Si	Do
1.	**Cromática integral**					**UNIVERSAL**							
2.	Do	Do♯ *	Re	Re♯ *	Mi	Fa	Fa♯ *	Sol	Sol♯ *	La	La♯ *	Si	Do
3.	**Hexátonas enarmónicas**					**ZAMACOIS**							
4.		Do♯ *		Re♯ *		Mi♯ *		Sol		La		Si	
5.	**Enarmónica menor {6 # y 6 b}**					**S.D.M.**							
6.		Do♯ *		Re♯ *		Mi♯ *	Fa♯ *		Sol♯ *		La♯ *	Si *	
7.	**Politónica**					**WOLLET**							
8.	Do	Re♭			Mi	Fa	Sol♭			La	Si♭		Do
9.	**Pentafónica 1er modo**					**GEVAERT**							
10.	Do		Re		Mi			Sol		La			Do
11.	**Pentafónica 2° modo**					**GEVAERT**							
12.	Do		Re		Mi			Sol			Si♭		Do
13.	**Pentafónica 3er modo**					**GEVAERT**							
14.	Do			Mi♭		Fa		Sol		La			Do
15.	**Pentafónica 4° modo**					**GEVAERT**							
16.	Do			Mi♭		Fa		Sol			Si♭		Do
17.	**Mestiza mayor**					**PERÚ**							
18.	Do		Re		Mi		Fa♯	Sol		La		Si	Do
19.	**De Hauptmann**					**RIMSKY-KORSAKOV**							
20.	Do		Re		Mi	Fa		Sol	La♭			Si	Do
21.	**De nueve notas**					**CHEREPNIN**							
22.	Do	Do♯	Re	Re♯	Mi	Fa		Sol	Sol♯	La		Si	Do
23.	**Combinada**					**ESPLÁ**							
24.	Do	Re♭		Mi♭	Mi	Fa	Sol♭		La♭		Si♭		Do
25.	**Pentáfona**					**CHINA**							

Tabla 5.3 (bis)

26.	*Do*		*Re*			*Fa*		*Sol*			*Si♭*		*Do*
27.	**De cuatro semitonos**					**RUSIA**							
28.	*Do*		*Re*	*Mi♭*		*Fa*	*Sol♭*		*La♭*	*La*		*Si*	*Do*
29.	**Cromática mayor 1er tipo**												
30.	*Do*	*Re♭*	*Re*	*Mi♭*	*Mi*	*Fa*	*Sol♭*	*Sol*	*La♭*	*La*	*Si♭*	*Si*	*Do*
31.	**Cromática mayor 2° tipo**												
32.	*Do*	*Re♭*	*Re*	*Mi♭*	*Mi*	*Fa*	*Fa♯*	*Sol*	*La♭*	*La*	*Si♭*	*Si*	*Do*
33.	**Cromática mayor 3er tipo**												
34.	*Do*	*Do♯*	*Re*	*Mi♭*	*Mi*	*Fa*	*Fa♯*	*Sol*	*La♭*	*La*	*Si♭*	*Si*	*Do*
35.	**Cromática mayor 4° tipo**												
36.	*Do*	*Do♯*	*Re*	*Mi♭*	*Mi*	*Fa*	*Fa♯*	*Sol*	*Sol♯*	*La*	*Si♭*	*Si*	*Do*
37.	**Cromática mayor 5°tipo**												
38.	*Do*	*Do♯*	*Re*	*Re♯*	*Mi*	*Fa*	*Fa♯*	*Sol*	*Sol♯*		*Si♭*	*Si*	*Do*
39.	**Cromática mayor 6° tipo**												
40.	*Do*	*Do♯*	*Re*	*Re♯*	*Mi*	*Fa*	*Fa♯*	*Sol*	*Sol♯*		*La♯*	*Si*	*Do*
41.	**Hexáfona de Arequipa**					**PERÚ**							
42.	*Do*		*Re*		*Mi*		*Fa♯*	*Sol*		*La*			*Do*
43.	**Huancavélica** {*desc*}					**PERÚ**							
44.	*Do*		*Si*		*La*			*Sol*				*Re*	
45.	**Jónica**												
46.	*Do*		*Re*		*Mi*	*Fa*		*Sol*				*Si*	*Do*
47.	**Dórica**												
48.	*Do*		*Re*	*Mi♭*		*Fa*		*Sol*		*La*	*Si♭*		*Do*
49.	**Frigia**												
50.	*Do*	*Re♭*				*Fa*		*Sol*	*La♭*	*La*	*Si♭*		*Do*

Tabla 5.4

©	Do		Re		Mi	Fa		Sol		La		Si	Do
1.	**Lidia**												
2.	Do		Re		Mi		Fa♯	Sol		La		Si	Do
3.	**Mixolidia**												
4.	Do		Re		Mi	Fa		Sol		La	Si♭		Do
5.	**Eolia**												
6.	Do		Re	Mi♭		Fa		Sol	La♭		Si♭		Do
7.	**Locria**												
8.	Do	Re♭		Mi♭		Fa	Sol♭		La♭		Si♭		Do
9.	**Cromática menor 1er tipo**												
10.	La	Si♭	Si	Do	Re♭	Re	Mi♭	Mi	Fa	Sol♭	Sol	La♭	La
11.	**Cromática menor 2° tipo**												
12.	La	Si♭	Si	Do	Re♭	Re	Mi♭	Mi	Fa	Fa♯	Sol	La♭	La
13.	**Cromática menor 3er tipo**												
14.	La	Si♭	Si	Do	Do♯	Re	Mi♭	Mi	Fa	Fa♯	Sol	La♭	La
15.	**Cromática menor 4° tipo**												
16.	La	Si♭	Si	Do	Do♯	Re	Mi♭	Mi	Fa	Fa♯	Sol	Sol♯	La
17.	**Cromática menor 5° tipo**												
18.	La	Si♭	Si	Do	Do♯	Re	Re♯	Mi	Fa	Fa♯	Sol	Sol♯	La
19.	**Cromática menor 6° tipo**												
20.	La	La♯	Si	Do	Do♯	Re	Re♯	Mi	Fa	Fa♯	Sol	Sol♯	La
21.	**Dórica alterada**					**HERRERA**							
22.	Do		Re	Mi♭		Fa	Sol♭		La♭		Si♭		Do
23.	**Lidia con 7a. menor**					**HERRERA**							
24.	Do		Re		Mi		Fa♯	Sol		La	Si♭		Do
25.	**Escala bartokiana**					**BARTOK**							

Tabla 5.4 (bis)

26.	*Do*		*Re*		*Mi*		*Fa♯*	*Sol*		*La*	*Si♭*		*Do*
27.	**Sistema carnático = 1er modo básico INDIA** {*Guda Madhyamä*}												
28.	*Do*					*Fa*		*Sol*					*Do*
29.	**Sistema carnático = 2° modo básico INDIA** {*Prati Madhyamä*}												
30.	*Do*						*Fa♯*	*Sol*					*Do*
31.	**A 1°**												
32.	*Do*	*Re♭*	*Mi♭♭*			*Fa*		*Sol*	*La♭*	*Si♭♭*			*Do*
33.	**A 2°**												
34.	*Do*	*Re♭*	*Mi♭♭*			*Fa*		*Sol*	*La♭*		*Si♭*		*Do*
35.	**A 3°**												
36.	*Do*	*Re♭*	*Mi♭♭*			*Fa*		*Sol*	*La♭*			*Si*	*Do*
37.	**A 4°**												
38.	*Do*	*Re♭*	*Mi♭♭*			*Fa*		*Sol*		*La*	*Si♭*		*Do*
39.	**A 5°**												
40.	*Do*	*Re♭*	*Mi♭♭*			*Fa*		*Sol*		*La*		*Si*	*Do*
41.	**A 6°**												
42.	*Do*	*Re♭*	*Mi♭♭*			*Fa*		*Sol*			*La♯*	*Si*	*Do*
43.	**A′ 1°′**												
44.	*Do*	*Re♭*	*Mi♭♭*				*Fa♯*	*Sol*	*La♭*	*Si♭♭*			*Do*
45.	**A′ 2°′**												
46.	*Do*	*Re♭*	*Mi♭♭*				*Fa♯*	*Sol*	*La♭*		*Si♭*		*Do*
47.	**A′ 3°′**												
48.	*Do*	*Re♭*	*Mi♭♭*				*Fa♯*	*Sol*	*La♭*			*Si*	*Do*
49.	**A′ 4°′**												
50.	*Do*	*Re♭*	*Mi♭♭*				*Fa♯*	*Sol*		*La*	*Si♭*		*Do*

Tabla 5.5

©	*Do*		*Re*		*Mi*	*Fa*		*Sol*		*La*		*Si*	*Do*
1.	**A′ 5°′**												
2.	*Do*	*Re♭*	*Mi♭♭*				*Fa♯*	*Sol*		*La*		*Si*	*Do*
3.	**A′ 6°′**												
4.	*Do*	*Re♭*	*Mi♭♭*				*Fa♯*	*Sol*			*La♯*	*Si*	*Do*
5.	**B 1°**												
6.	*Do*	*Re♭*		*Mi♭*		*Fa*		*Sol*	*La♭*	*Si♭♭*			*Do*
7.													
8.	**B 2°**												
9.	*Do*	*Re♭*		*Mi♭*		*Fa*		*Sol*	*La♭*		*Si♭*		*Do*
10.	**B 3°**												
11.	*Do*	*Re♭*		*Mi♭*		*Fa*		*Sol*	*La♭*			*Si*	*Do*
12.	**B 4°**												
13.	*Do*	*Re♭*		*Mi♭*		*Fa*		*Sol*		*La*	*Si♭*		*Do*
14.	**B 5°**												
15.	*Do*	*Re♭*		*Mi♭*		*Fa*		*Sol*		*La*		*Si*	*Do*
16.	**B 6°**												
17.	*Do*	*Re♭*		*Mi♭*		*Fa*		*Sol*			*La♯*	*Si*	*Do*
18.	**B′ 1°′**												
19.	*Do*	*Re♭*		*Mi♭*			*Fa♯*	*Sol*	*La♭*	*Si♭♭*			*Do*
20.	**B′ 2°′**												
21.	*Do*	*Re♭*		*Mi♭*			*Fa♯*	*Sol*	*La♭*		*Si♭*		*Do*
22.	**B′ 3°′**												
23.	*Do*	*Re♭*		*Mi♭*			*Fa♯*	*Sol*	*La♭*			*Si*	*Do*
24.	**B′ 4°′**												
25.	*Do*	*Re♭*		*Mi♭*			*Fa♯*	*Sol*		*La*	*Si♭*		*Do*

Tabla 5.5 (bis)

26.	**B′** $^{5^{\circ}\prime}$												
27.	*Do*	*Re♭*		*Mi♭*			*Fa♯*	*Sol*		*La*		*Si*	*Do*
28.	**B′** $^{6^{\circ}\prime}$												
29.	*Do*	*Re♭*		*Mi♭*			*Fa♯*	*Sol*			*La♯*	*Si*	*Do*
30.	**C** $^{1^{\circ}}$												
31.	*Do*	*Re♭*			*Mi*	*Fa*		*Sol*	*La♭*	*Si♭♭*			*Do*
32.	**C** $^{2^{\circ}}$												
33.	*Do*	*Re♭*			*Mi*	*Fa*		*Sol*	*La♭*		*Si♭*		*Do*
34.	**C** $^{3^{\circ}}$												
35.	*Do*	*Re♭*			*Mi*	*Fa*		*Sol*	*La♭*			*Si*	*Do*
36.	**C** $^{4^{\circ}}$												
37.	*Do*	*Re♭*			*Mi*	*Fa*		*Sol*		*La*	*Si♭*		*Do*
38.	**C** $^{5^{\circ}}$												
39.	*Do*	*Re♭*			*Mi*	*Fa*		*Sol*		*La*		*Si*	*Do*
40.	**C** $^{6^{\circ}}$												
41.	*Do*	*Re♭*			*Mi*	*Fa*		*Sol*			*La♯*	*Si*	*Do*
42.	**C′** $^{1^{\circ}\prime}$												
43.	*Do*	*Re♭*			*Mi*		*Fa♯*	*Sol*	*La♭*	*Si♭♭*			*Do*
44.	**C′** $^{2^{\circ}\prime}$												
45.	*Do*	*Re♭*			*Mi*		*Fa♯*	*Sol*	*La♭*		*Si♭*		*Do*
46.	**C′** $^{3^{\circ}\prime}$												
47.	*Do*	*Re♭*			*Mi*		*Fa♯*	*Sol*	*La♭*			*Si*	*Do*
48.	**C′** $^{4^{\circ}\prime}$												
49.	*Do*	*Re♭*			*Mi*		*Fa♯*	*Sol*		*La*	*Si♭*		*Do*
50.	**C′** $^{5^{\circ}\prime}$												
51.	*Do*	*Re♭*			*Mi*		*Fa♯*	*Sol*		*La*		*Si*	*Do*

Tabla 5.6

©	*Do*		*Re*		*Mi*	*Fa*		*Sol*		*La*		*Si*	*Do*
1.	**F 1°**												
2.	*Do*			*Re♯*	*Mi*	*Fa*		*Sol*	*La♭*	*Si♭♭*			*Do*
3.	**F 2°**												
4.	*Do*			*Re♯*	*Mi*	*Fa*		*Sol*	*La♭*		*Si♭*		*Do*
5.	**F 3°**												
6.	*Do*			*Re♯*	*Mi*	*Fa*		*Sol*	*La♭*		*Si♭*	*Si*	*Do*
7.	**F 4°**												
8.	*Do*			*Re♯*	*Mi*	*Fa*		*Sol*		*La*	*Si♭*		*Do*
9.	**F 5°**												
10.	*Do*			*Re♯*	*Mi*	*Fa*		*Sol*		*La*	*Sol*	*Si*	*Do*
11.	**F 6°**												
12.	*Do*			*Re♯*	*Mi*	*Fa*		*Sol*			*Sol*	*Si*	*Do*
13.	**F′ 1°′**												
14.	*Do*			*Re♯*	*Mi*		*Fa♯*	*Sol*	*La♭*	*Si♭♭*	*Sol*		*Do*
15.	**F′ 2°′**												
16.	*Do*			*Re♯*	*Mi*		*Fa♯*	*Sol*	*La♭*		*Sol*		*Do*
17.	**F′ 3°′**												
18.	*Do*			*Re♯*	*Mi*		*Fa♯*	*Sol*	*La♭*		*Sol*	*Si*	*Do*
19.	**F′ 4°′**												
20.	*Do*			*Re♯*	*Mi*		*Fa♯*	*Sol*		*La*	*Sol*		*Do*
21.	**F′ 5°′**												
22.	*Do*			*Re♯*	*Mi*		*Fa♯*	*Sol*		*La*	*Si♭*	*Si*	*Do*
23.	**F′ 6°′**												
24.	*Do*			*Re♯*	*Mi*		*Fa♯*	*Sol*			*Si♭*	*Si*	*Do*
25.	**Dórica auténtica**						**GREGORIANO**						

Tabla 5.6 (bis)

26.	*Re*		*Mi*	*Fa*		*Sol*		*La*		*Si*	*Do*		*Re*
27.	**Frigia auténtica**					**GREGORIANO**							
28.	*Mi*	*Fa*		*Sol*		*La*		*Si*	*Do*		*Re*		*Mi*
29.	**Lidia auténtica**					**GREGORIANO**							
30.	*Fa*		*Sol*		*La*		*Si*	*Do*		*Re*		*Mi*	*Fa*
31.	**Mixolidia auténtica**					**GREGORIANO**							
32.	*Sol*		*La*		*Si*	*Do*		*Re*		*Mi*	*Fa*		*Sol*
33.	**Hipodórica plagal**					**GREGORIANO**							
34.	*La*		*Si*	*Do*		*Re*		*Mi*	*Fa*		*Sol*		*La*
35.	**Hipofrigia plagal**					**GREGORIANO**							
36.	*Si*	*Do*		*Re*		*Mi*	*Fa*		*Sol*		*La*		*Si*
37.	**Hipolidia plagal**					**GREGORIANO**							
38.	*Do*		*Re*		*Mi*	*Fa*		*Sol*		*La*		*Si*	*Do*
39.	**Hipomixolidia {**8va *alta***} plagal GREGORIANO**												
40.	*Re*		*Mi*	*Fa*		*Sol*		*La*		*Si*	*Do*		*Re*
41.	**Lidia**					**GRIEGA**							
42.	*Do*	*Si*		*La*		*Sol*		*Fa*	*Mi*		*Re*		*Do*
43.	**Frigia**					**GRIEGA**							
44.	*Re*		*Do*	*Si*		*La*		*Sol*		*Fa*	*Mi*		*Re*
45.	**Dórica o Hipomixolidia**					**GRIEGA**							
46.	*Mi*		*Re*		*Do*	*Si*		*La*		*Sol*		*Fa*	*Mi*
47.	**Hipolidia**					**GRIEGA**							
48.	*Fa*	*Mi*		*Re*		*Do*	*Si*		*La*		*Sol*		*Fa*
49.	**Hipofrigia**					**GRIEGA**							
50.	*Sol*		*Fa*	*Mi*		*Re*		*Do*	*Si*		*La*		*Sol*

Tabla 5.7

©	*Do*		*Re*		*Mi*	*Fa*		*Sol*		*La*		*Si*	*Do*
1.	**Hipodórica**					**GRIEGA**							
2.	*La*		*Sol*		*Fa*	*Mi*		*Re*		*Do*	*Si*		*La*
3.	**Mixolidia**					**GRIEGA**							
4.	*Si*		*La*		*Sol*		*Fa*	*Mi*		*Re*		*Do*	*Si*
5.	**Magyar menor**					**CONTEMPORÁNEA**							
6.	*Do*		*Re*	*Mi♭*			*Fa♯*	*Sol*	*La♭*			*Si*	*Do*
7.	**Enarmónica mayor {*6 # y 6 b*} S.D.M.**												
8.		*Fa♯**		*Sol♯**		*La♯**	Si*		*Do♯**		*Re♯**		*Mi♯**
9.	**Pentatónica A 1er modo mayor**												
10.	*La*		*Sol*			*Mi*		*Re*		*Do*			
11.	**Pentatónica B 2° modo menor**												
12.	*Sol*			*Mi*		*Re*		*Do*			*La*		
13.	**Pentatónica C 3er modo mayor**												
14.	*Mi*		*Re*		*Do*			*La*		*Sol*			
15.	**Pentatónica D 4° modo menor**												
16.	*Re*		*Do*			*La*		*Sol*			*Mi*		
17.	**Pentatónica E 5° modo mayor**												
18.	*Do*			*La*		*Sol*			*Mi*		*Re*		
19.	**Del ciclo cerrado de 4as**					**DARIAS**							
20.	*Do*	*Re♭*		*Mi♭*♩		*Fa*		*Sol*		*La*		*Si*	*Do*
21.	**Simétrica disminuída**					**UNIVERSAL**							
22.	*Do*		*Re*			*Fa*	*Sol♭*		*La♭*	*La*		*Si*	*Do*
23.	**Super dominante***Mi♭*					**UNIVERSAL**							
24.	*Do*	*Re♭*			*Mi*	*Fa*	*Sol♭*			*La*	*Si♭*		*Do*
25.	**Blues**					**HERRERA**							

Tabla 5.7 (bis)

26.	*Do*		*Re*	*Mi♭*	*Mi*	*Fa*	*Fa♯*	*Sol*		*La*	*Si♭*	*Si*	*Do*
27.	**Pentatónica menor**					**HERRERA**							
28.	*Do*			*Mi♭*		*Fa*		*Sol*			*Si♭*		*Do*
29.	**Árabe**					**HERRERA**							
30.	*Do*	*Re♭*			*Mi*	*Fa*		*Sol*	*La♭*			*Si*	*Do*
31.	**Autentus Deuterus {*Frigia*} GRECIA**												
32.	*Do*	*Re♭*		*Mi♭*		*Fa*		*Sol*	*La♭*		*Si♭*		*Do*
33.	**Género enarmónico**					**INFLUENCIA ÁRABE y CHINA en GRECIA**							
34.	*La*		*Fa*	*Fa♭*						*Do*	*Do♭**		*La*
35.	**Género cromático**					**INFLUENCIA OCCIDENTAL en GRECIA**							
36.	*La*			*Fa♯*	*Fa*	*Mi*			*Do♯*	*Do*	*Si*		*La*
37.	**Género neocromático**					**GRECIA**							
38.	*La*	*Sol#*			*Fa*	*Mi*	*Re♯*			*Do*	*Si*		*La*
39.	**Napolitana menor**					**UNIVERSAL**							
40.	*Do*	*Re♭*		*Mi♭*		*Fa*		*Sol*	*La♭*			*Si*	*Do*
41.	**Napolitana mayor*a***					**UNIVERSAL**							
42.	*Do*	*Re♭*		*Mi♭*		*Fa*		*Sol*		*La*		*Si*	*Do*
43.	**Doble armónica**					**UNIVERSAL**							
44.	*Do*	*Re♭*			*Mi*	*Fa*		*Sol*	*La♭*			*Si*	*Do*
45.	**Oriental**												
46.	*Do*	*Re♭*			*Mi*	*Fa*	*Sol♭*			*La*	*Si♭*		*Do*
47.	**Húngara mayor**												
48.	*Do*			*Re♯*	*Mi*		*Fa♯*	*Sol*		*La*	*Si♭*		*Do*
49.	**Hindú**												
50.	*Do*		*Re*		*Mi*	*Fa*		*Sol*	*La♭*		*Si♭*		*Do*

45.- Las tonalidades homónimas

Las tonalidades homónimas tienen relación numérica (r.n.) simple de 7 alteraciones. Su distancia interválica es de 1ª aumentada entre inicio y final (1 semitono cromático) [32].

Orden de **sostenidos:**								Orden de **bemoles:**							
0	*1*	*2*	*3*	*4*	*5*	*6*	*7*	*7*	*6*	*5*	*4*	*3*	*2*	*1*	*0*
Do	Sol	Re	La	Mi	Si	Fa#	Do#	Do#	Fa#	Si	Mi	La	Re	Sol	**Do**
Do♭	Sol♭	Re♭	La♭	Mi♭	Si♭	Fa	**Do**	**Do**	Fa	Si♭	Mi♭	La♭	Re♭	Sol♭	Do♭
la	re	sol	do	fa	sib	mi♭	la♭	la♭	mi♭	si♭	fa	do	sol	re	**la**
la♯	re♯	sol♯	do♯	fa♯	si	mi	**la**	**la**	mi	si	fa♯	do♯	sol♯	re♯	la♯
7	*6*	*5*	*4*	*3*	*2*	*1*	*0*	*0*	*1*	*2*	*3*	*4*	*5*	*6*	*7*

Una **r.n.** doble de **14** alteraciones, con el doble de quintas, enmarca una 1ª **doble aumentada**:

	= 14										
Orden de ♯	Re	La	Mi	Si	Fa♯	Do♯	Sol♯	Re♯	La♯	Mi♯	Si♯
	Re♭♭	La♭♭	Mi♭♭	Si♭♭	Fa♭	Do♭	Sol♭	Re♭	La♭	Mi♭	Si♭
	12	*11*	*10*	*9*	*8*	*7*	*6*	*5*	*4*	*3*	*2*
Orden de ♭	si	fa♯	do♯	sol♯	re♯	la♯	mi♯	si♯	fa *x*	do *x*	sol *x*
	si♭♭	fa♭	do♭	sol♭	re♭	la♭	mi♭	si♭	fa	do	sol
Suma =	**= 14**										

Con **21** alteraciones la **r.n.** triple alcanza la **1ª triple aumentada**:

	9	*10*	*11*	*12*		*12*	*11*	*10*	*9*
Orden de ♯	Re♯	La♯	Mi♯	Si♯	Orden de ♭ =	si♯	fa x	do x	sol x
	Re♭♭	La♭♭	Mi♭♭	Si♭♭		si♭♭	fa♭	do♭	sol♭
Suma =	**= 21**								

[32] Véase p. 50.

La **r.n.** cuádruple de **14 alteraciones**, (**4** semitonos cromáticos) es la **1ª cuádruple aumentada**:

Orden de ♯=	14	+ orden de ♭=	14	*total* = 28
	Dox		la x	
	Do♭♭		la ♭♭	

Los siguientes gráficos presentan los cuatro sistemas de escalas homónimas, en orden creciente referenciado por sus relaciones numéricas. En cada compás aparece la I del modo mayor junto a la I de su relativo menor.

Compases 1-14: tonalidades homónimas **simples** cuya relación numérica es de **7** alteraciones.

Compases 15-36: tonalidades homónimas **dobles** con relación numérica de **14** alteraciones.

Compases 37-44: tonalidades homónimas **triples**, con relación numérica de **21** alteraciones.

Los 2 últimos compases presentan **28** alteraciones, culmen de las tonalidades homónimas (cuádruples).

Simples: r.n.: 7 alteraciones

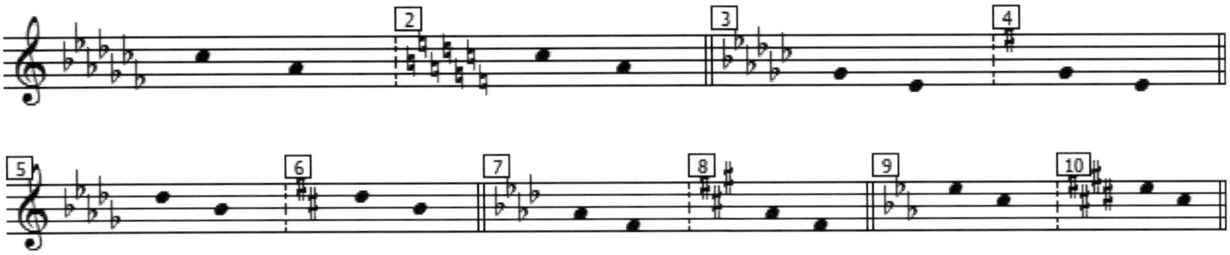

Dobles: r.n.: 14 alteraciones

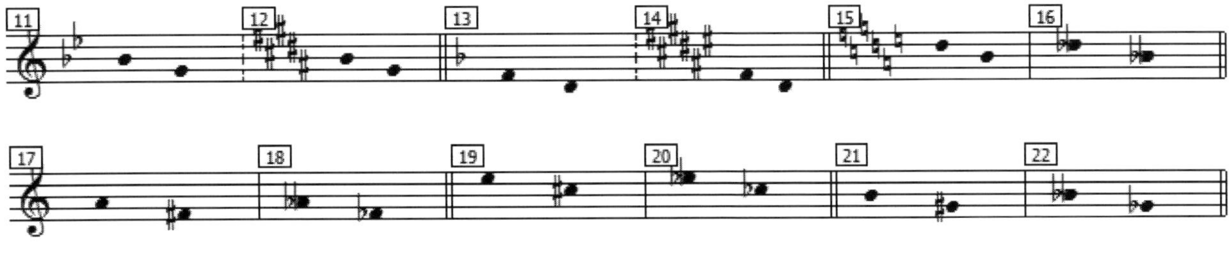

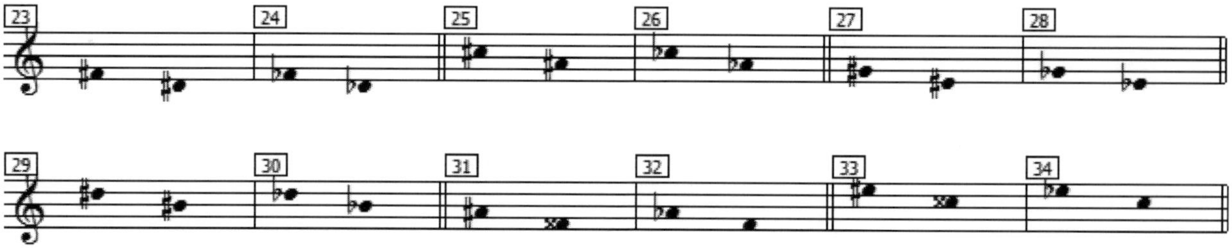

Triples: r.n.: 21 alteraciones

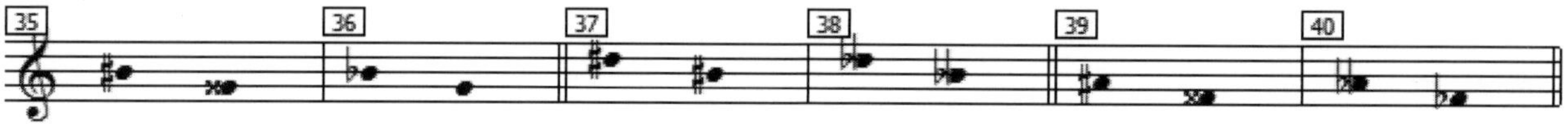

Cuádruples: r.n.: 28 alteraciones

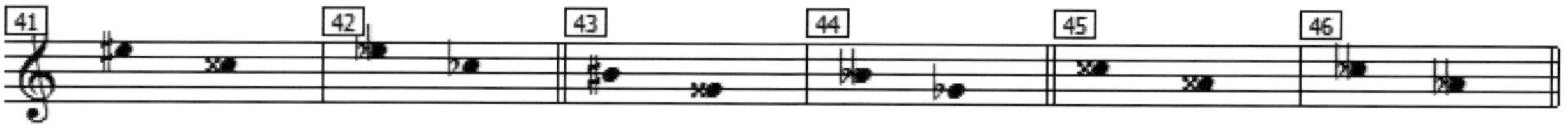

46.- Las tonalidades enarmónicas

Las **tonalidades enarmónicas** pueden ser teóricas o prácticas[33]. La escala general lleva una relación numérica de **12** alteraciones y en su mayoría es **teórica**:

# =	**0**	**1**	**2**	**3**	**4**	**5**	**6**	**7**	**8**	**9**	**10**	**11**	**12**
M	Do	Sol	Re	La	Mi	Si	Fa#	Do#	Sol#	Re#	La#	Mi#	Si#
	Re♭♭	La♭♭	Mi♭♭	Si♭♭	Fa♭	Do♭	Sol♭	Re♭	La♭	Mi♭	Si♭	Fa	Do
m	**12**	**11**	**10**	**9**	**8**	**7**	**6**	**5**	**4**	**3**	**2**	**1**	**0**
	La	mi	si	fa#	do#	sol#	re#	la#	mi#	si#	fa x	do x	sol x
♭ =	Si♭♭	fa♭♭	do♭	sol♭	re♭	La♭	mi♭	si♭	fa	do	sol	re	la
	= 12												

El sombreado del gráfico anterior demuestra la relación numérica 12, con la fusión de los 2 órdenes, (♯ + ♭, 6 + 6 alteraciones), con sus tonalidades vecinas. El epicentro tonal, auténtica simbiosis, totaliza siempre las 12 alteraciones de armaduras de clave. Sus reducciones teóricas admiten 2 estructuras en relación númerica de 12 alteraciones:

[33] Véanse pp. 51.

	4	3	2	1	0		0	1	2	3	4
# =	Mi	La	Re	Sol	Do	inversión:	Do	Fa	Sib	Mi♭	La♭
	Fa♭	Si♭♭	Mi♭♭	La♭♭	Re♭♭		Si#	Mi#	La#	Re#	Sol#
	8	9	10	11	12		12	11	10	9	8
♭ =	La	mi	si	fa#	do#		la	re	sol	do	fa
	si♭♭	fa♭♭	do♭	sol♭	re♭		sol x	do x	fa x	si#	mi#
	= 12						= 12				

Cuadro de tonalidades enarmónicas:

47.- Frecuencias, sonidos en vibraciones simples

La altura real de los sonidos musicales tiene como referencia el sonido **La³** o La de **440 Herzios** a 440 vibraciones dobles por segundo (v.d.s.) u 880 vibraciones simples por segundo, como sonido regulador establecido para la afinación vocal e instrumental, de forma universal. Los parámetros de afinación tienen como más grave el La de 415 herzios o Hz (barroco) y el más agudo de 445 herzios (actual).

El La del diapasón (u horquilla) reproduce siempre el La de 440 Hz. El diapasón, sistema de dos varillas vibrantes, fue creado por sir Charles A. **Parsons** y John **Short** alrededor de 1903.

La referencia universal de afinación es el La^3 de 440 Hz como punto inicial de todos los instrumentos. La frecuencia de cada sonido es calculado con división y multiplicación de distintas alturas. Un sonido La^2, emitido una 8ª más baja que el diapasón, tendrá una vibración de 220 Hz, mientras que el sonido La^4, emitido una 8ª más aguda, ofrece un La de 880 Hz. No obstante, cuando se liman las varillas del diapasón aumentan las vibraciones y, como resultado, hay nuevas alturas sonoras no coincidentes con la afinación temperada.

En la escala diatónica de Do se aprecian las vibraciones dobles por segundo para los diferentes sonidos que dividen la 8ª y, según se dirijan al grave o al agudo, sus frecuencias serán divididas o multiplicadas siempre por 2.

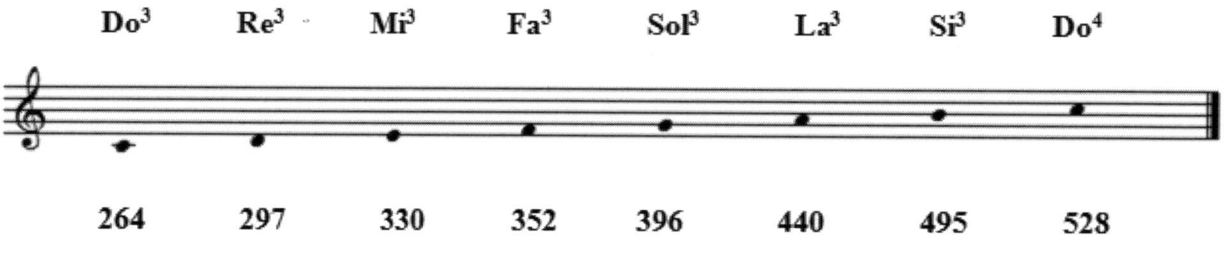

Afinación temperada = pulsaciones por segundo (p.p.s.)

A = 5ª J. ↗ ó 4ª J. ↘		B =3ª M. ↗ ó 6ª m. ↘			C =3ªm. ↗ ó 6ª M. ↘	
La-Mi	**45**	**44,7**	La-Do#	**523**	La-Do	**713**
Si♭-Fa	**47**	**47,4**	Si♭-Re	**554**	Si♭-Re♭	**754**
Si-Fa#	**50**	**50,2**	Si-Re#	**587**	Si-Re	**800**
Do-Sol	**53**	**53,2**	Do-Mi	**622**	Do-Mi♭	**848**
Do#-Sol#	**56**	**56,3**	Do#-Mi#	**659**	Do#-Mi	**897**
Re-La	**60**	**59,7**	Re-Fa#	**698**	Re-Fa	**952**
Re#-La#	**63**	**63,2**	Mi♭-Sol	**739**	Mi♭-Sol♭	**1007**
Mi-Si	**67**	**67,0**	Mi-Sol#	**783**	Mi-Sol	**1069**
Fa-Do	**71**	**71,0**	Fa-La	**830**	Fa-La♭	**1130**
Fa#-Do#	**75**	**75,2**	Fa#-La#	**880**	Fa#-La	**1198**
Sol-Re	**80**	**79,7**	Sol-Si	**932**	Sol-Si♭	**1269**
Sol#-Re#	**84**	**84,4**	Sol#-Si#	**987**	Sol#-Si	**1344**

Figura 5.1. Cuadro de afinación temperada según los distintos intervalos

6

MODOS

48.- Los modos gregorianos

Los modos gregorianos, ambrosianos o eclesiásticos se inician en el canto llano con su ordenación por el Papa S. Ambrosio. Presenta sus escalas a partir de cuatro sonidos: **re, mi, fa, sol** y se ejecutan con sus sonidos **naturales**.

Protus =	re	mi	fa	sol	La	Si	do	re			
Deuterus =		mi	fa	sol	La	Si	do	re	mi		
Tritus =			fa	sol	La	Si	do	re	mi	Fa	
Tetrardus =				sol	La	Si	do	re	mi	Fa	Sol

Figura 6.1. Escalas básicas de los modos gregorianos

Posteriormente se efectúa una ampliación de estas escalas, que se realiza desde la división de cada escala en un pentacordo inferior, que reúne los cinco primeros grados y un tetracordo superior que agrupa los cuatro superiores.

	→ *tetracordo* ←							
	I	II	III	IV	V	VI	VII	VIII
	→ *pentacordo* ←							

La traslación del tetracordo superior a pentacordo inferior, al que se le agrega el pentacordo restante, produce las citadas escalas. La tónica o ***finalis*** es, igual que en nuestro sistema diatónico occidental, la nota de comienzo (I) de cada escala, mientras que la ***repercusio*** actúa con carácter de dominante (V). El modo **auténtico o maestro,** coloca la *repercusio* o dominante en el V grado, excepto en el modo Deuterus, que lo coloca sobre el VI, para evitar la nota si. Los modos plagales o discípulos, colocados en el VI para el hipodórico y el hipolidio y sobre el VII para el hipofrigio y el hipomixolidio.

I = Protus o dórico; **II =** hipodórico ⇓

I	=				**Re**	Mi	Fa	sol	**la**	Si	Do	re
II	=	**la**	Si	do	Re	Mi	**Fa**	sol	la			

⇑

III= Deuterus o frigio; **IV =** hipofrigio
⇓ ⇓

III	=				**Mi**	Fa	Sol	la	si	**Do**	Re	mi
IV	=	**si**	Do	Re	Mi	Fa	Sol	**la**	si			

⇑

V = Tritus o lidio; **VI =** hipolidio
⇓

V	=				**Fa**	Sol	La	si	**do**	Re	Mi	fa
VI	=	**do**	Re	mi	Fa	Sol	**La**	si	do			

⇑

VII = Tetrardus o mixolidio; **VIII =** hipomixolidio
⇓

VII	=				**Sol**	La	Si	do	**re**	mi	Fa	sol
VIII	=	**re**	Mi	Fa	Sol	La	Si	**do**	re			

⇑

La *finalis* está sombreada, igual que la *repercusio*. Al leer las *repercusio* se puede aplicar una curiosa regla mnemotécnica:

La Fa-do-la Do La-re-do

49.- Identificación del modo

Para descubrir el modo de una pieza de canto llano, debe mirarse la última nota, que es la final del modo. Si la última nota fuese **re**, el modo sería el **I** o el **II**. Se examina a continuación la melodía: si se encuentra entre dos ***finalis***, el modo es el auténtico; entre dos ***repercusio***, el modo es el plagal.

Como excepción, podemos encontrar una o dos notas infrecuentes en la melodía, lo que no modifica el concepto de modo auténtico o plagal.

Si la obra está escrita según nuestro sistema occidental, pero observamos que pertenece a las escalas gregorianas, la interpretación de los modos será la siguiente:

Dórico =	Si♭:	Do	Re	Mi♭	Fa	Sol	La	Si♭	Do
Frigio =	La♭:	Do	Re♭	Mi♭	Fa	Sol	La♭	Si♭	Do
Lidio =	Sol:	Do	Re	Mi	Fa#	Sol	La	Si	Do
Mixolidio =	Fa:	Do	Re	Mi	Fa	Sol	La	Si♭	Do
Eólico =	Mi♭:	Do	Re	Mi♭	Fa	Sol	La♭	Si♭	Do
Jónico =	Do:	Do	Re	Mi	Fa	Sol	La	Si	Do

Figura 6.2. Escalas modales trasportadas a nuestro sistema occidental

Existe una nomenclatura errónea aplicada a los modos en el siglo XVI, que presenta las siguientes características:

Semitono-tono-tono	mi - fa - sol - la =	tetracordo dórico
Tono-semitono-tono	re - mi - fa - sol =	tetracordo frigio
Tono-tono-semitono	do - re - mi - fa =	tetracordo lidio

50.- Las escalas Modales (Impresionismo)

Estas escalas provienen de los antiguos modos griegos. La supremacía de la modalidad sobre la tonalidad sirvió a los compositores para alejarse del ámbito trillado de los modos mayores y menores. Al prescindir de funciones cadenciales y evitar los grados IV y VII, no hay resolución obligada, por lo que la melodía discurre libremente. El empleo de las escalas y armonías modales permitió el dominio del timbre y del color en la música impresionista, lo cual desembocó en la obtención de sonoridades novedosas para la época.

Utilizando Do mayor como punto de partida, puesto que carece de alteraciones, se desarrollan las diferentes escalas:

Jónico =	Do	Re	Mi	Fa	Sol	La	Si	Do
Dórico =	Re	Mi	Fa	Sol	La	Si	Do	Re
Frigio =	Mi	Fa	Sol	La	Si	Do	Re	Mi
Lidio =	Fa	Sol	La	Si	Do	Re	Mi	Fa
Mixolidio =	Sol	La	Si	Do	Re	Mi	Fa	Sol
Eólico =	La	Si	Do	Re	Mi	Fa	Sol	La
Locrio =	Si	Do	Re	Mi	Fa	Sol	La	Si

Figura 6.3. Ubicación de los semitonos en las escalas modales[34]

[34] Véase p. 48.

Para comprender mejor el concepto de escala modal, se parte siempre de la tónica do y se mantienen las relaciones interválicas entre los grados de cada escala:

Jónico I de Do	Do	Re	Mi	Fa	Sol	La	Si	Do
Dórico II de Si♭	Do	Re	Mi♭	Fa	Sol	La	Si♭	Do
Frigio III de La♭	Do	Re♭	Mi♭	Fa	Sol	La♭	Si♭	Do
Lidio IV de Sol	Do	Re	Mi	Fa#	Sol	La	Si	Do
Mixolidio V de Fa	Do	Re	Mi	Fa	Sol	La	Si♭	Do
Eólico VI de Mi♭	Do	Re	Mi♭	Fa	Sol	La♭	Si♭	Do
Locrio VII de Re♭	Do	Re♭	Mi♭	Fa	Sol♭	La♭	Si♭	Do

Figura 6.4. Escalas modales con tónica Do

7

SERIES DODECAFÓNICAS

51.- Definición y características

La **serie dodecafónica** pertenece al Serialismo. Fue ideada por Arnold Schönberg (o Schoenberg). Se trabaja también con el sistema creado por el músico contemporáneo George Perle.

Este sistema serial utiliza los doce sonidos de la música occidental y consta de varios apartados, según Schönberg: la serie original (**O**), su inversión (**I**), su retrogradación (**RO**), y la inversión de la retrogradación (**IR**). Tras realizar estas series se procede a su transporte a todas las tonalidades, con lo que se logra un sistema de **48** series diferentes.

a: numeración de Schönberg

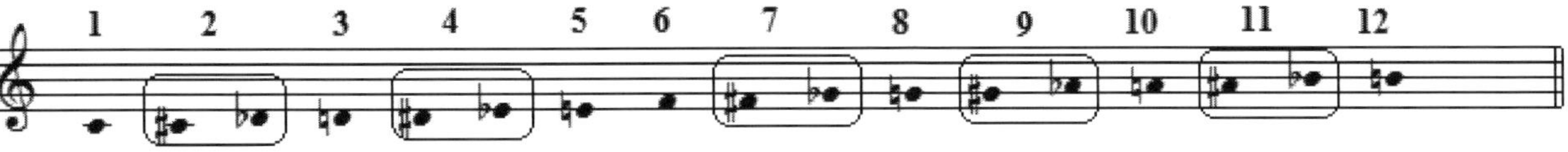

b: numeración de Perle

En el sistema de Schönberg, como en el de Perle, es necesaria la numeración de cada sonido que interviene en las series, a fin de poder comprobar posteriormente que no se ha repetido ninguna nota. La numeración de Schönberg establece correlatividad del 1 al 12, mientras que el sistema de Perle la aplica del 0 al 11:

Para ejercicios de creación y comprensión del dodecafonismo es imprescindible la escritura previa de la escala cromática integral, a fin de obtener mayor seguridad. La premisa de la serie dodecafónica radica en la búsqueda de combinación de sonidos que no aporten sentido tonal y, por ello, se preferirán intervalos aumentados o disminuidos (disonantes) antes que los de carácter consonante.

Las series pueden encubrir un sentido tonal y, por ello, debemos tener cuidado en la disposición de los sonidos que la forman.

52.- Construcción de las series

La 1ª serie que se construye se denomina **O**riginal de Schönberg o **B**ásica de Perle. Se recomienda, en principio, mantener los sonidos dentro del pentagrama, en un ámbito reducido de 7ª, por ejemplo entre fa^3 y mi^4 (con arreglo al índice acústico del sistema franco-belga aplicado en España).

Después de construir la serie hay que numerar sus notas, con arreglo a la disposición numérica de la escala cromática, que será la guía inequívoca para el resto de series y nos ayudará a evitar una reiteración de alturas.

El paso siguiente es la **I**nversión de la **O**riginal o **B**ásica. Para su creación debemos invertir la direccionalidad de la escala original, manteniendo la interválica, pero en sentido contrario (como en espejo).

Si los sonidos que invertimos trascienden el ámbito de 7ª expuesto más arriba, se puede realizar la inversión del intervalo, a fin de mantener las distancias de inversión, aunque la direccionalidad de los sonidos sea en apariencia igual que en la serie original.

La **R**etrogradación es, tal vez, el paso más simple en la construcción dodecafónica, porque consiste en colocar los sonidos en sentido **cancrizante** (es decir, se oye igual tanto se comience por el primer sonido o por el último) con respecto a la serie **O**riginal o **B**ásica.

Por último, la **I**nversión de la **R**etrogradación se realiza de la misma forma que la retrogradación de la original o básica.

Figura 7.1. Ejemplos de construcción de estas series

53.- Schönberg: funciones estructurales armónicas

FA = sub-dominante **= SD** (IV)
DO = tónica **= T** (I)
SOL = dominante **= D** (V)

Do – Tónica	**T**	**Do#** - Mediante de submed. May.	**MSM**
Sol – Dominante	**D**	**Do#** - Mediante de submed. menor	**Msm**
Fa – SubDominante	**SD**	**Do#** - SubMediante Mayor	**SMM**
la - submediante menor	**Sm**	**Do#** - submediante menor	**SMm**
do - tónica menor	**t**	**Fa#** - SubMed. M. de SubMed. M.	**SMSM**
sol - 5ª menor	**v**	**Fa#** - SubMed. M. de submed. m.	**SMsm**
re – dórico	**dór**	**Fa#** - SuperTónica de Med. M.	**STM**
fa - subdominante menor	**sd**	**Fa#** - SuperTónica de med. m.	**STm**
mi - mediante menor	**mm**	Si – SuperTónica de SubMed. M.	**STSM**
Mi - Mediante Mayor	**M**	**Si** - SuperTónica de submed. M.	**STsm**
La - SubMediante Mayor	**SM**	**Re*b*** - 5ª menor de Med.⇓ Mayor	**bmVM**
Re – SuperTónica	**ST**	**re*b*** - 5ª menor de med. ⇓ menor	**bmVm**
Re*b* - 6ª Napolitana **(II ⇓)**	**Np**	**Sol*b*** – 5ª menor de SubMed. M.	**bmSM**
Sol# - Mediante Mayor de mediante	**MM**	**sol*b*** -5ª menor de submed. Menor	**bmsm**
sol# - mediante menor de mediante	**Mm**	**Do*b*** -	
Fa*b* -		**do*b*** -	

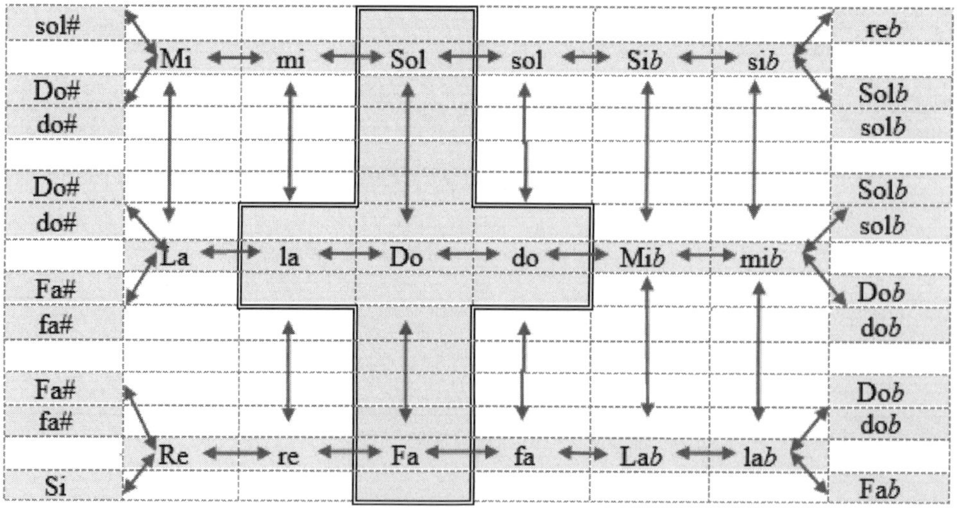

Figura 7.2. Cuadro resumen de las funciones estructurales armónicas según Schönberg

54.- Experimento con un piano acústico

Todo el sistema armónico está organizado en base a la jerarquía de la tónica: el grado **I** es el centro tonal y punto de reposo por encima de todos los demás grados tonales, que, en mayor o menor medida, tienden a moverse hacia él.

Si la evolución de la música sigue siendo fiel a la serie armónica, en el futuro, las notas **Do-Re♭-Re**, podrían ocupar el lugar que hoy ocupan Do-Re-Mi (acorde mayor con novena).

Éste tal vez haya sido el paraíso soñado por **Schönberg**, cuando diseñó su sistema dodecafónico, método donde las **12** notas tienen igual jerarquía, y que aún hoy, resulta completamente imposible de asimilar para el oyente medio.

Lo que resulta evidente es que estas notas (Do-Re♭-Re), incluso por los armónicos en común, no tienen igual organización jerárquica que el arpegio mayor o las notas Do-Re-Mi. Generan por sí mismos, un sonido más ambiguo.

Opinamos que, antes de llegar a la asimilación del dodecafonismo, se pasará por una etapa de asimilación de nuevos grados dentro de los modos conocidos.

En otras palabras, si en la escala mayor, tal como la conocemos, incluimos el Re♭, y le damos la misma jerarquía que a cualquier otra nota de paso, no solo obtenemos un grado nuevo, sino que todos aquellos que incluyan en su 3ª, 5ª o 7ª, el segundo grado, tendrán diferentes posibilidades. Por ejemplo:

El grado V, Sol7, podría formarse como Sol-Si-Re-Fa o Sol-Si-Reb-Fa, es decir, G7 o G7 ♭5

EXPERIMENTO: "**Piano acústico**"

Un sencillo **experimento con un piano acústico** te permitirá oír algunos de los armónicos que produce la serie. Pulsa suavemente dos notas Sol, en octavas, en la parte central del teclado. Hazlo de forma que no se produzca sonido, pero se active el martillo y se levanten las sordinas. (Si esto te resulta complicado, simplemente toca las notas con suavidad y espera que se apague el sonido). Ahora toca un Do grave, de forma fuerte, seca, casi golpeando la tecla. El sonido del Do grave se apagará rápidamente y podrás oír un armónico, que es la nota Sol.

Lo que está sucediendo es que las cuerdas Sol están vibrando por el fenómeno conocido como **simpatía,** que no es otra cosa que la "respuesta" de la cuerda Sol, a los armónicos de su misma frecuencia que han sonado junto con el Do. Puedes repetir la prueba, apretando esta vez la octava Mi-Mi con la mano derecha; este armónico suele oírse en todos los instrumentos.

Un piano con cuerdas largas (cola o 1/2 cola) favorecerá la audición del Si♭, el siguiente armónico. Si no puedes hacer esta prueba en casa, recuérdala y la llevas a cabo cuando tengas cerca un piano acústico.

8

ACORDES

55.- Los acordes

Los acordes pueden contener **tres, cuatro o más sonidos** que, en su estado fundamental están formados por intervalos de tercera. Según las distancias interválicas que separan dichos sonidos reciben diferentes denominaciones.

Los acordes de 3 notas o tríadas, se forman con dos 3ª superpuestas, existiendo una distancia de 5ª desde la fundamental. Por eso se denominan acordes de 5ª.

Mayor:	**(M) =**	**3ª M**	y	**5ª J**	=	**3ª M**	+	**3ª m**
menor:	**(m) =**	**3ª m**	y	**5ª J**	=	**3ª m**	+	**3ª M**
disminuído:	**(d) =**	**3ª m**	y	**5ª d**	=	**3ª m**	+	**3ª m**
aumentado:	**(A) =**	**3ª M**	y	**5ª A**	=	**3ª M**	+	**3ª M**

Podremos apreciar gráficamente la diferencia de sonoridad de cada acorde, presentados en el sentido de la lectura, **desde el sonido grave al agudo (triadas)**, para el cálculo interválico de cada tercera (leer de abajo a arriba):

Mayor	Menor	Disminuído	Aumentado
3ª m	3ª M	3ª m	3ª M
3ª M	3ª m	3ª m	3ª M

El teórico alemán Hans Joachim **Möser** cataloga los acordes como "**casitas**" con diferentes denominaciones según su representación sonora[35]:

Mayor	Menor	Disminuído	Aumentado
Optimista moderado	Pesimista moderado	Pesimista tacaño	Optimista pródigo

Especial interés suscitan los acordes de **3 y 4** sonidos, tales como 7ª de dominante, 7ª de sensible[36], 7ª disminuida[37] y sextas.

Destacan los acordes de **sobretónica** y **sobredominante**, que se originan cuando sobre la tónica o la dominante se coloca un acorde de dominante, que se superpone a modo de retardo o de apoyatura sobre estos acordes (I o V), por lo que la resolución queda retardada. También se originan si mantenemos la tónica como nota pedal.

El acorde de 6ª napolitana no figura por ser un acorde Perfecto Mayor:

		Teoría				Práctica	
V^7	3ª M	5ª J	7ª m	o	3ª M	3ª m	3ª m
VII^7	3ª m	5ª dism	7ª m	=	3ª m	3ª m	3ª M
[38]VII	3ª m	5ª dism	7ª dism	=	3ª m	3ª m	3ª m
6ª Ital	3ª dism	5ª dism	-	=	3ª dism	3ª M	-
6ª Franc	3ª M	5ª dism	7ª m	=	3ª M	3ª dism	3ª M
6ª Suiza	3ª m	5ª doble dism	7ª dism	=	3ª m	3ª dism	3ª M
6ª Alem	3ª dism	5ª dism	7ª dism	=	3ª dism	3ª M	3ª m
Wagner	3ª dism	5ª dism	7ª m	=	3ª dism	3ª M	3ª M
de 2ª	3ª m	5ª J	7ª dism	=	3ª m	3ª M	3ª dism

Figura 8.1. Disposición interválica de los acordes

[35] De nuevo, véase H. J. Moser (1965). *Teoría general de la música*. México DF: Unión Tipográfica Editorial Hispano-Americana.

[36] Solo en el Modo Mayor y se denomina séptima de sensible.

[37] En modo menor por armadura y modo mayor en escalas con función de II y III tipos.

Los siguientes ejemplos ofrecen los acordes antes explicados en igual orden de presentación:

en el ***Modo mayor***. ⟶	en el ***modo menor***. ⟶

Mayor 7ª dte. 7ª sens. 7ª dism. Menor 7ª dte. 7ª dism. 5ª aum.

en ***ambos modos***:

Nap. II♭ Ital. Fran. Suiza Alem. Wagner de 2ª

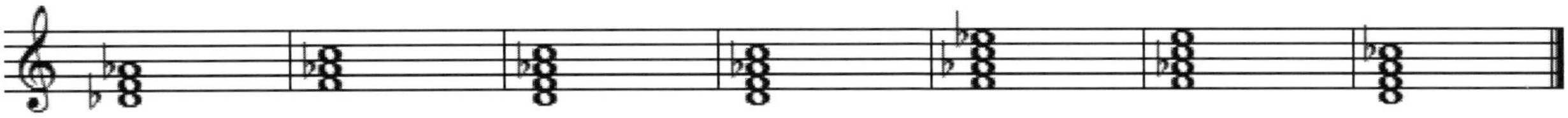

En Do y do VII/V V/V VII/III VII/V VII/V

Las escalas más utilizadas son: **mayor del 1er tipo** (jónica) y **menor del 2º tipo** (armónica). Los acordes citados centran dos tipos de escalas: modo mayor = I tipo y modo menor = II tipo.

Modo mayor: jónica 1º tipo

I M II m III m IV M V M VI m VII dis. I M

Modo menor: armónica 2º tipo

I m II dism. III aum. IV m V M VI M VII dis. I m

Acorde	Grados a los que pertenece
Mayor	I, IV y V del modo Mayor - V y VI del modo menor
Menor	I y IV del modo menor - II, III y VI del modo Mayor
Disminuído	VII grado de ambos modos - II del modo menor
Aumentado	Sólo en el III grado del modo menor
V7	V grado de ambos modos
VII^7	VII de ambos modos - II en el modo menor

Figura 8.2. Resumen y tabla mnemotécnica de acordes y sus grados correspondientes

Los acordes se presentan en estado fundamental o invertidos. Las triadas tienen 2 inversiones y los acordes de séptima admiten 3 inversiones (por contener 4 sonidos). El sonido del bajo determina su estado.

Los acordes de 3 sonidos admiten 2 inversiones y los de 4 hasta 3 inversiones. Sus cifrados emplean signos:

- + significa que la tercera del acorde es la sensible
- + delante de un número indica que esa nota es la sensible
- Un número barrado (/) indica un intervalo disminuido

Los acordes **cerrados** o **directos** mantienen el orden natural de sus sonidos. Los acordes **abiertos** o **indirectos** tienen inversiones tras el sonido fundamental (siempre **sobrepasan la 8ª**).

La **disposición** en un acorde se determina por la nota acórdica que suena en el tiple, es posible justificar disposiciones de **3ª, 5ª, 7ª u 8ª**. La disposición indica el tipo de cadencia (suspensiva, conclusiva...)

En principio, bastaría con cifrar los acordes de 3 notas según su constitución numérica, es decir, en estado fundamental se cifran con 5 (intervalos de 3ª y 5ª), en primera inversión con 6 (intervalos de 3ª y 6ª) y en segunda inversión con 4/6 (intervalos de 4ª y 6ª).

En los cifrados de los acordes de 7ª sería suficiente con un 7 en su posición fundamental, y 6/5, 4/3 y 2 en las sucesivas inversiones (según su ordinal numérico, las distancias interválicas que aparecen al ser invertidos).

Otros tratadistas, con buen tino, proponen simbolizar las notas más características del acorde, señalando (sobre todo en los acordes de 4 notas) la calificación del intervalo y su función tonal, señalando si la 5ª o la 7ª son disminuidas, o si la 3ª del acorde es la sensible de la tonalidad.

Es importante que el alumno comprenda las tonalidades y modulaciones en sentido "vertical". Este procedimiento de cifrado es muy útil para los armonistas teniendo en cuenta, además, que un buen conocimiento de la armonía clásica es también una herramienta de análisis.

56.- Cifrados

■ Acordes de 3 sonidos: acordes de 5ª

Estado	Tónica (I)	Acordes de 3 sonidos	Cifrado
Fundamental	**Do**-mi-sol	Se forma de 3ª y 5ª	**5**
1ª inversión	Mi-sol-**do**	Se forma de 3ª y 6ª	**6**
2ª inversión	Sol-**do**-mi	Se forma de 4ª y 6ª	**6/4**

Figura 8.3. Cuadro resumen de los acordes de 3 sonidos: acordes de 5ª

Tomando como ejemplo el acorde de tónica de Do M, la nota fundamental es do. En 1ª y 2ª inversión sigue siendo la fundamental, pero ocupa un lugar diferente.

Cuando el acorde de 6 se coloca en el II grado de la tonalidad, algunos tratadistas lo cifran +6/3, para recordar que la sexta del acorde es la sensible. Señalan la tercera para no confundirlo con la 2ª inversión del de 7ª de dominante (+6).

El acorde de 5, en el VII grado del modo mayor, se representa con un 5 barrado, ya que es un intervalo de quinta disminuida, así como en el VII y II grados del modo menor.

Acordes de 4 sonidos: acordes de 7ª

Añadiendo una tercera al acorde tríada se forma un acorde de 4 sonidos, que se denomina acorde de 7ª, por formarse este intervalo desde la fundamental. En todos los grados de la tonalidad se pueden formar estos acordes, recibiendo el nombre del grado que ocupan. Varias notas:

- Los acordes de 7ª de I, II, IV y VI grados se cifran: **7, 6/5, 4/3 y 2**.
- Los acordes de 7ª de dominante sobre tónica: **I +7**.
- Los acordes de 7ª de dominante sobre dominante: **V +7**.
- Acorde de 7ª de dominante:

Estado	Dominante (V)	Acordes de 4 sonidos	Cifrado
Fundamental V	Sol-si-re-fa	Se forma de 3ª, 5ª y 7ª	7 +
1ª inversión VII	Si-re-fa-sol	Se forma de 3ª, 5ª y 6ª	6 5 barrado
2ª inversión II	Re-fa-sol-si	Se forma de 3ª, 4ª y 6ª	+6
3ª inversión IV	Fa-sol-si-re	Se forma de 2ª, 4ª y 6ª	+4

Figura 8.4. Cuadro resumen del acorde de 7ª de dominante

El signo +, colocado debajo de la cifra, indica que la tercera del acorde es la sensible. Colocado a la izquierda, que esa nota es la sensible.

- Acorde de 7ª de sensible:

Estado	Sensible (VII)	Acordes de 4 sonidos	Cifrado
Fundamental VII	Si-re-fa-la	Se forma de 3ª, 5ª y 7ª	7 5 barrado
1ª inversión II	Re-fa-la-si	Se forma de 3ª, 5ª y 6ª	+6 5
2ª inversión IV	Fa-la-si-re	Se forma de 3ª, 4ª y 6ª	+4 3
3ª inversión VI	La-si-re-fa	Se forma de 2ª, 4ª y 6ª	+2

Figura 8.5. Cuadro resumen del acorde de 7ª de sensible

- Acorde de 7ª disminuida

Estado	Sensible (VII)	Acordes de 4 sonidos	Cifrado
Fundamental VII	Si-re-fa-la♭	Se forma de 3ª, 5ª y 7ª	7 barrado 5 barrado
1ª inversión II	Re-fa-la♭-si	Se forma de 3ª, 5ª y 6ª	+6 5 barrado
2ª inversión IV	Fa-la♭-si-re	Se forma de 3ª, 4ª y 6ª	+4 3
3ª inversión VI	La♭-si-re-fa	Se forma de 2ª, 4ª y 6ª	+2

Figura 8.6. Cuadro resumen del acorde de 7ª disminuida

Acordes de 5 sonidos: acordes de 9ª M y m de dominante

Añadiendo una tercera mayor o menor al acorde de 7ª de dominante, se forma el acorde de 9ª de dominante. La novena mayor se usa únicamente en el modo mayor. La novena menor se utiliza en los dos modos.

Estado	Dominante (V)	Acordes de 5 sonidos	Cifrado
Fundamental V	Sol-si-re-fa-la Sol-si-re-fa-la♭	Se forma de 3ª, 5, 7ª y 9ª	9 7 +
1ª inversión VII	Si-re-fa-la-sol Si-re-fa-la♭-sol	Se forma de 3ª, 5ª, 7ª y 6ª	7 5 barrado 6
2ª inversión II	Re-fa-la-sol-si Re-fa-la♭-sol-si	Se forma de 3ª, 5ª, 4ª y 6ª	5 +6 4
3ª inversión IV	Fa-la-sol-si-re Fa-la♭-sol-si-re	Se forma de 3ª, 2ª, 4ª y 6ª	3 +4 2
4ª inversión VI[39]	La-sol-si-re-fa	Se forma de 7ª, 2ª, 4ª y 6ª	6 +2 7

Figura 8.7. Cuadro resumen del acorde de 9ª de dominante

57.- Acorde de 7ª disminuida

Muchas veces **mal llamado de Séptima de Sensible**, es el acorde más versátil, pues permite modular nada menos que a 24 tonalidades[40]. Por su condición enarmónica, es preferible a veces utilizarlo en lugar del acorde de 7ª de dominante, ya que enlaza con más suavidad las tonalidades lejanas. Cumple que:

- Es simétrico en el ámbito de octava
- Se forma solo por tres terceras menores
- Solo es posible enarmonizar tres de sus cuatro sonidos

---

[39] Esta inversión no se practica en la escuela tradicional al estar la 9ª en el bajo. El acorde de 9ª de dominante tiene su origen en la apoyatura descendente de la fundamental del acorde de 7ª de dominante (la-sol).

[40] Resuelve en seis tonalidades y puede sufrir tres mutaciones con 24 resoluciones a través del sistema enarmónico, que admite una división en cuatro partes exactamente iguales.

Según importantes teóricos solo existen tres acordes de séptima disminuida:

Si-do♭ do-si♯ do♯-re♭

El siguiente modelo ejemplifica lo anterior en el acorde de sol♯, sensible de la menor y La mayor, evitando en su demostración la dificultad de alteraciones dobles.

fa	mi	mi	fa	fa	mi	mi
re	do	do#	do	re	si	do#
si	do	do#	do	la	si	do#
sol#	**la**	**La**	**La**	**la**	**sol#**	**sol#**

Figura 8.8. Posibles resoluciones del acorde de séptima disminuida de La/la

Las resoluciones se obtienen:

■ Elevando un semitono diatónico su fundamental, que produce acordes menor y mayor en estado fundamental.

■ Ídem, con acorde mayor en **1ª** inversión y acorde menor en 2ª inversión.

■ Sobre el mismo bajo con acordes mayor en 1ª inversión y menor en 2ª inversión.

En los ejemplos siguientes se visualizan las soluciones enarmónicas de forma sencilla al ser realizadas por semitonías: **mi♯** por **fa**, **si** por **do♭**, y **sol♯** por **la♭**.

La nota **re** del ejemplo no se enarmoniza por la distancia de **1** tono ascendente hacia **mi** o **1** tono descendente hacia **do**.

mi#-fa	re =	do#	do#	re	re	do#	do#
Re	si =	la	la#	la	si	sol#	la#
Si	sol# =	la	la#	la	fa#	sol#	la#
sol#	**mi# =**	**fa#**	**fa#**	**fa#**	**fa#**	**mi#**	**mi#**

Figura 8.9. Resoluciones de la 1ª enarmonía

Fa	do♭ =	si♭	si♭	do♭	do♭	si♭	si♭
Re	la♭ =	sol♭	sol	sol♭	la♭	fa	sol
si-do♭	fa =	sol♭	sol	sol♭	mi♭	fa	sol
Lab	**re =**	**mi♭**	**mi♭**	**mi♭**	**mi♭**	**re**	**re**

Figura 8.10. Resoluciones de la 2ª enarmonía

Fa	la♭ =	sol	sol	la♭	la♭	sol	sol
Re	fa =	mi♭	mi	mi♭	fa	re	mi
Si	re =	mi♭	mi	mi♭	fa	re	mi
sol#-la♭	**si =**	**do**	**do**	**do**	**do**	**si**	**si**

Figura 8.11. Resoluciones de la 3ª enarmonía

Para todas las resoluciones, el resultado es el acorde de tónica de cada tonalidad.

Para mejor comprensión se aprecian las realizaciones y sus **3** resoluciones en dos pentagramas a **4** voces, pudiendo ser interpretado en instrumentos polifónicos y así comprender el auténtico encadenamiento entre los acordes de séptima disminuida y sus accesos a las diferentes tonalidades[41].

[41] En ciertos compases se aprecia la falta de un sonido o voz, se duplica en otras voces. Por ejemplo, en la 2ª enarmonía (cc. 6) bajo y tenor comparten la misma nota.

Estado fundamental

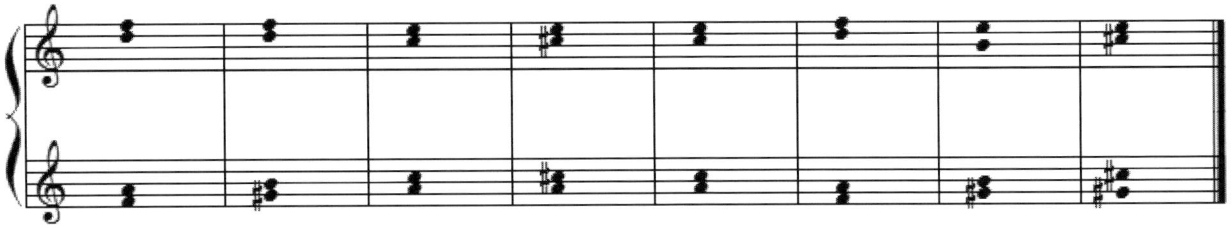

1ª enarmonía

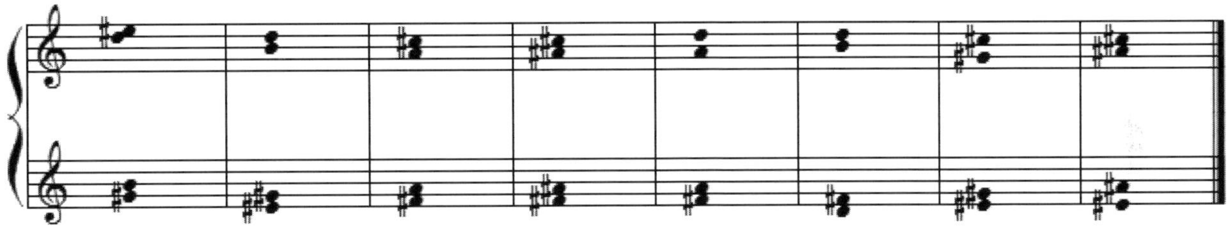

2ª enarmonía

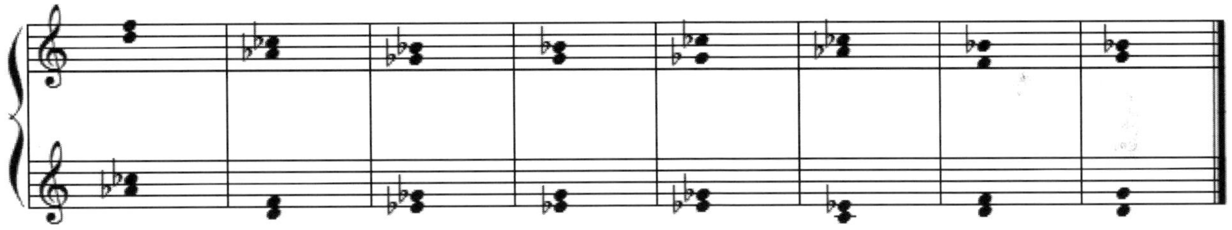

3ª enarmonía

58.- Acordes de Sextas: Napolitana y Aumentadas

Acordes que se utilizan generalmente en 1ª o 2ª inversión. Son modulantes, excepto la sexta napolitana, que lo es también de paso, siendo el único acorde perfecto mayor que se integra en esta categoría. Los ejemplos parten de Do M o do m y para ambas tonalidades se utilizan como demostración escalas naturales o del primer tipo, pero alterando sus diversos grados.

En el siguiente cuadro vemos en el pentagrama superior los acordes tal y como los leemos en las obras y, en el pentagrama inferior, los mismos en estado fundamental para el cálculo interválico.

A continuación se observan los acordes en estado fundamental, luego en sus correspondientes inversiones, las notas escalísticas afectadas y, por último, las posibles resoluciones tonales:

■ **Sexta Napolitana:** rebaja el **II** en los dos modos y el **VI** en el modo mayor, en 1ª inversión (6). Acorde **perfecto mayor**, cadencial, modulante o de paso. Atribuido a A. Scarlatti.

■ **3ª disminuida-6ª Aumentada**: intervalo común a **todos** los acordes de **sexta**, excepto la sexta napolitana.

■ **Sexta Italiana**: tres sonidos, función de **VII/V,** o **IV** elevado, con el IV elevado y el VI rebajado en el modo mayor; es acorde de 3ª M y 6ª Aum, con triple sensible hacia la V de la tonalidad.

■ **Sexta Francesa**: cuatro sonidos, sobre el **II**, eleva el IV grado de la tonalidad, con función de **V/V**. Se rebaja el VI en el modo mayor y tiene triple sensible hacia la V del modo mayor o menor.

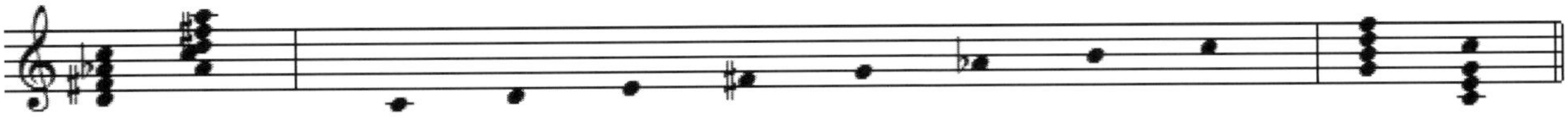

■ **Sexta Francesa**[42]: 2ª inversión del acorde de séptima de dominante, con el II rebajado. Produce una 2ª aumentada entre el **II** y III grados de la tonalidad.

■ **Sexta Alemana**: cuatro sonidos, igual que la sexta italiana, pero agrega una **7ª disminuida** sobre la fundamental del acorde. Resulta una cuádruple sensibilización hacia la **V** del modo mayor o menor.

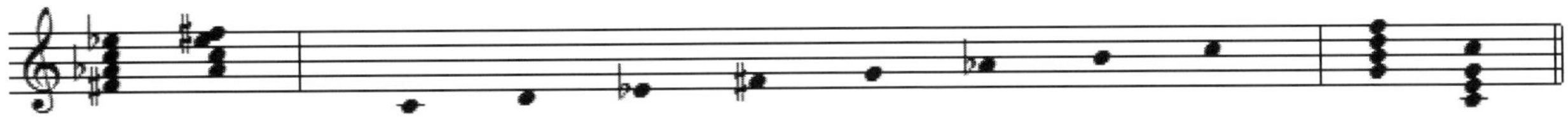

---

[42] Denominación inglesa.

■ **Sexta alemana**[43]: cuatro sonidos, en 1ª inversión, con el **II** elevado aporta una 3ª disminuida entre el II y el IV. Denominación inglesa, poco utilizado por los compositores.

■ **Sexta Suiza**: también de cuatro sonidos, se coloca sobre el **II** con séptima; II y IV elevados, y rebaja el VI, solo en el modo mayor. Triple sensible hacia la I6 solo en el modo mayor por las enarmonías.

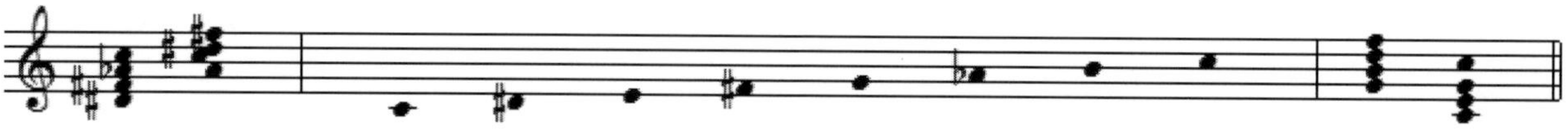

■ **Sexta de segunda**: cuatro sonidos, sobre el **VII con 7ª disminuida**, eleva el IV y rebaja el VI, y siempre en **3ª inversión**.

No existe un cifrado para definir uno u otro acorde, se suelen indicar solo como **6ª aum.** y, en algunos casos, su denominación es la explicada con anterioridad para cada uno de ellos.

Reviste interés mencionar nombre y función de cada acorde de **6ª**, pues en lectura es fácil confundir los acordes de **6ª**, pero el resultado sonoro será diferente según la estructura de cada acorde.

Excepto el ejemplo de la sexta napolitana que duplica el bajo en su 8ª alta para mantener los cuatro sonidos o voces, por ser un acorde perfecto mayor, en los restantes

[43] Ídem.

medimos entre sus notas extremas el intervalo de 6ª aumentada que les caracteriza. La excepción es la sexta napolitana porque el intervalo genérico se aprecia en el ejemplo entre las notas **fa-re♭**, 1ª inversión de re♭-fa-la♭.

Las resoluciones de finales con cada tipo acórdico son opcionales y pueden ser modificados según tratamientos armónicos diferentes a los aquí descritos, tipos de cadencia y, por supuesto, el gusto personal de cada compositor.

En el siguiente ejemplo se presentan las **24** posibilidades acórdicas con **Mi♭** como única nota pedal:

A continuación se desglosan los tipos de acordes arriba expuestos:

- cc. 01 – 04: mayor, menor, dism, aum
- cc. 05 – 08: mayor, menor, dism, aum
- cc. 09 – 12: mayor, menor, dism, aum
- cc.13 – 16: V de La♭ y la♭; V de Fa♭ y fa♭; V de Re♭ y re♭, V de Si♭ y si♭
- cc. 17: VII de Fa♭ y fa♭; II de Re♭ y re♭
- cc. 18: VII de Fa♭ y de fa♭
- cc. 19: VII de Si♭ y si♭; II de Sol y sol
- cc. 20: VII de Sol y sol y II de Mi y mi
- cc. 21: VII de Fa♭ y fa♭ y II de Re♭ y re♭
- cc. 22: VII de Sol y sol (6ª aum.)
- cc. 23: VII de Mi y mi (6ª aum.)
- cc. 24: VII de Do y do (6ª aum.)

Con un solo sonido... La creación de 24 acordes distintos en torno a un solo sonido se logra colocando la nota elegida, primero con triadas (a-b-c), luego séptimas de dominante (d), después con séptimas disminuidas (e) y, al final, por medio de sextas aumentadas (f)[44]:

[44] Se aprecian las terceras "horizontales" en los grupos de a, b, c, y también, esas mismas terceras en orden vertical.

	a - triadas:				b - triadas:		
Si♭	Si♭	Si♭♭	Si	Sol♭	Sol	Sol♭	Sol
Sol	Sol♭	Sol♭	Sol	Mi♭	Mi♭	Mi♭	Mi♭
Mi♭	**Mi♭**	**Mi♭**	**Mi♭**	**Do♭**	**Do**	**Do**	**Do♭**
c - triadas:				d - séptimas de dominante:			
Mi♭	Mi♭	Mi♭	Mi♭	Re♭	Si♭♭	Sol♭	Mi♭
Do	Do♭	Do	Do♭	Si♭	Sol♭	Mi♭	Do
La♭	**La♭**	**La**	**La♭♭**	Sol	Mi♭	Do	La
				Mi♭	**Do♭**	**La♭**	**Fa**
e - séptimas disminuidas:				f - sextas:			
Re♭♭	Si♭♭	Sol♭	Mi♭	Re♭♭	Si♭♭	Sol	Mi♭
Si♭♭	Sol♭	Mi♭	Do	Si♭♭	Sol♭♭	Mi♭	Do
Sol♭	Mi♭	Do	La	Sol♭♭	Mi♭	Do#	La♭
Mi♭	**Do**	**La**	**Fa#**	Mi ♭[45]	**Do♭**	**La#**	**Fa#**

[45] Orden: Alemana, Francesa, Suiza, Alemana.

9

CADENCIAS Y TRANSPOSITORES

59.- La cadencia

La cadencia, término derivado del latín *cadere* (caer o caída), significa reposo en un fragmento de música. Las principales son la cadencia perfecta (c.p.), la cadencia perfecta compuesta (c.p.c.) y la semicadencia (s.c.) al final de una frase, un movimiento o una obra musical.

Las cadencias más usadas son: simples, de 2 acordes; suspensivas, de 2 acordes; y compuestas, de 3 y de 4 acordes.

Son **auténticas perfectas** cuando sus acordes están colocados en estado **fundamental**, en posición de 8ª, y el último de ellos aparece en **parte fuerte** del compás. La cadencia auténtica se forma por la sucesión de los acordes de los grados V-I:

Son **auténticas imperfectas** si no reúnen estos requisitos. En el siguiente ejemplo, el tiple es el III grado del acorde de tónica:

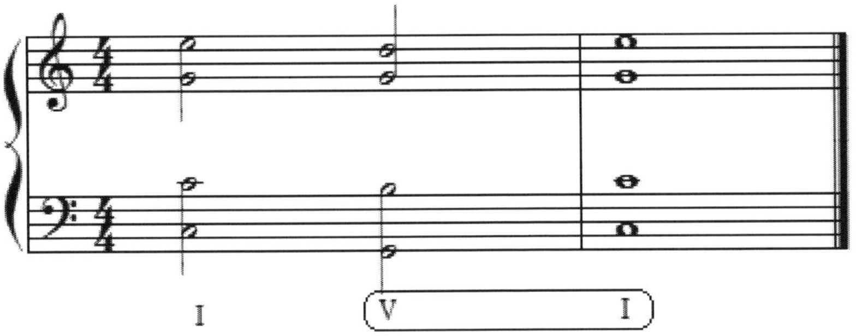

La cadencia **plagal** se forma por la sucesión de los grados IV-I, II-I o VI-I:

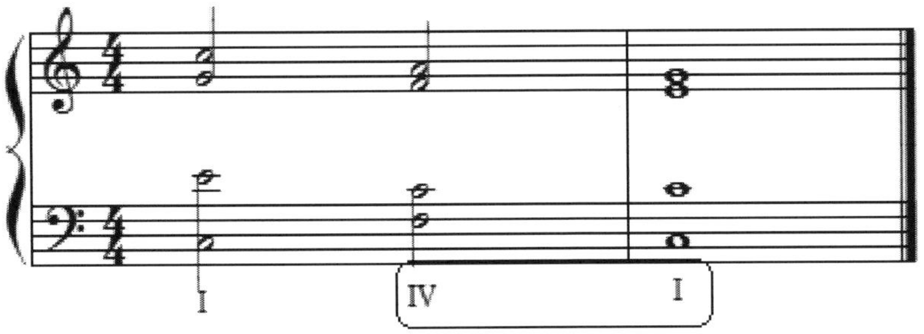

Las **semicadencias** se efectúan sobre **un solo acorde**, sin dependencia del acorde anterior, y utilizan el **V** grado de la tonalidad para la semicadencia de dominante (s.c. V) o el **IV** grado para la semicadencia plagal (s.c. IV):

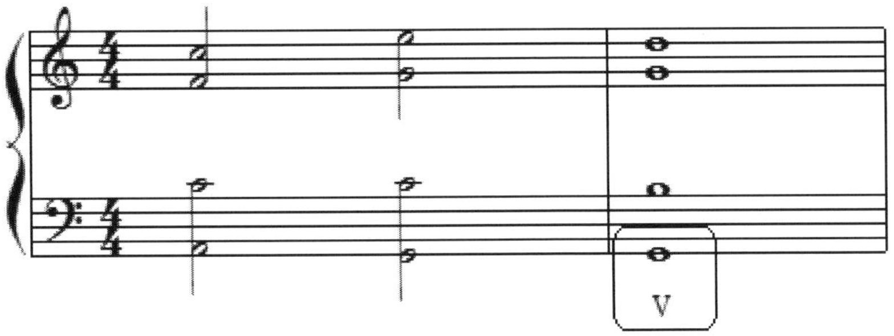

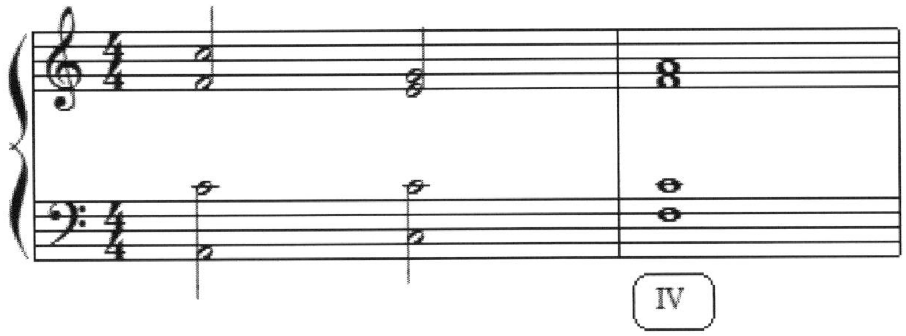

La cadencia ***piccarda* o de picardía** es un acorde mayor de tónica al final de una obra escrita en modo menor[46]:

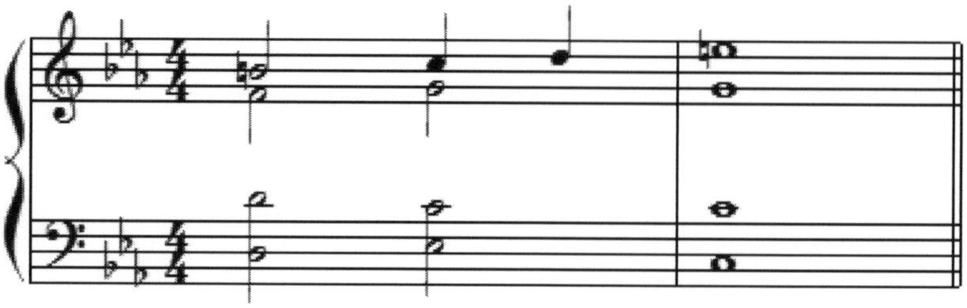

La **cadencia suspensiva o de engaño** (que no representa final) está formada por los acordes de los grados **V- I**, estando uno de ellos o los dos en **1ª inversión:**

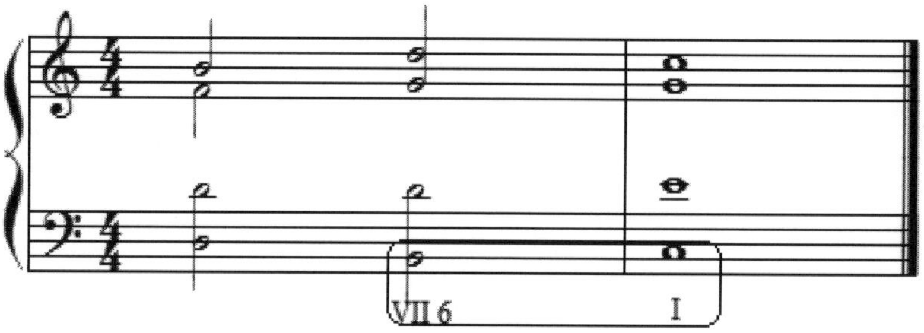

La cadencia **rota** está formada por los acordes **V-VI**:

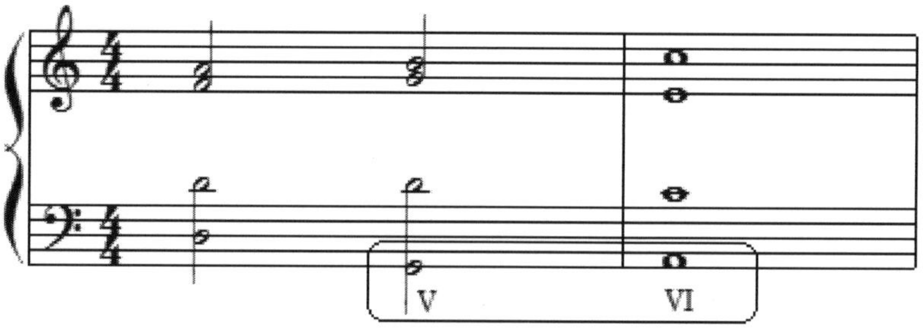

La cadencia **frigia** se realiza en el modo menor sobre los grados **IV⁶ - V**, o también sobre el III del modo mayor, para indicar el final de un movimiento lento o una introducción lenta, e indicación de un movimiento rápido. Se suele acompañar con el término *attaca*:

---

[46] Ref. J. S. Bach.

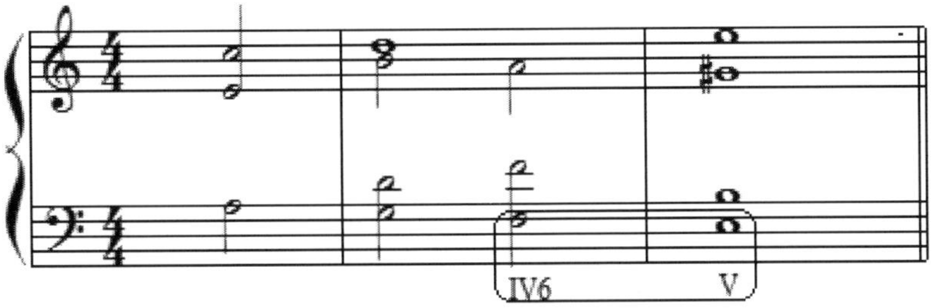

Las cadencias **compuestas** por 3 acordes se realizan con los acordes de los grados **II - V - I** o **IV - V - I**, sin diferencias de inversiones para II o IV.

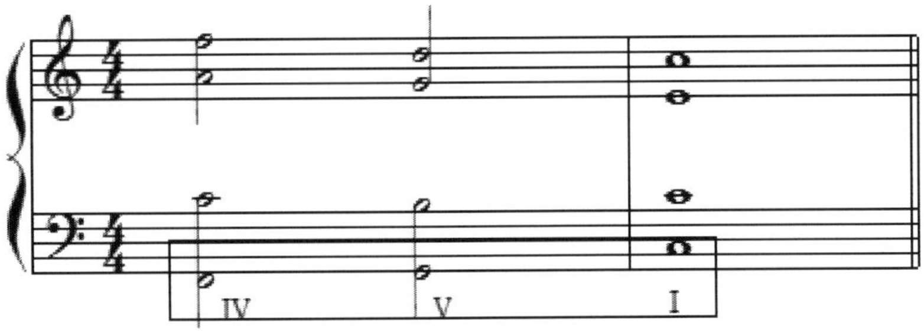

Las cadencias compuestas por 4 acordes mantienen el siguiente orden: **II – V (6/4)**[47] **- V - I o IV – V (6/4) - V – I**.

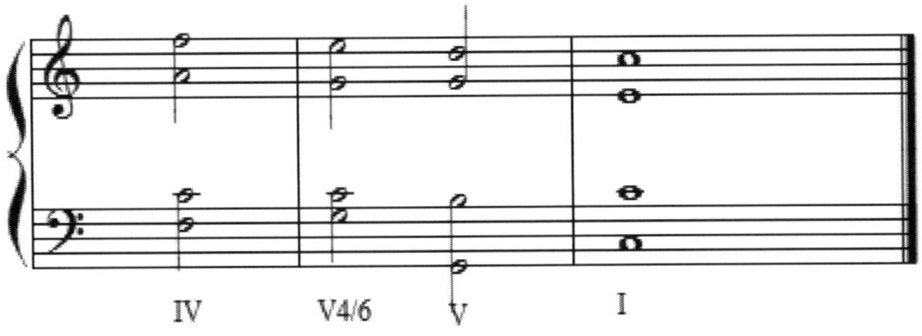

La **cadencia vienesa** antecede a la *cadenza* o *fermata* virtuosística de los conciertos y se presenta con la sucesión de acordes de los grados **II/V o IV+**, seguido del V (6/4)[48].

---

[47] Llamado también quinto cadencial por su función estructural. Importante diferenciar con la dominante (V) en 2ª inversión.

[48] Las cadencias deben indicarse siempre en la partitura, constituyen elementos precisos de puntuación.

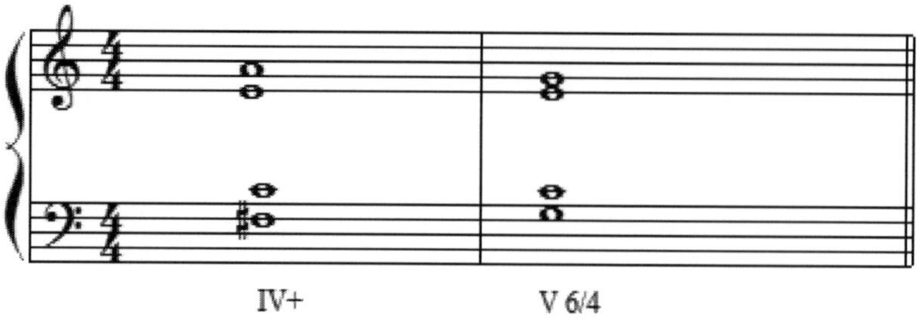

La **cadencia andaluza** se realiza sobre las tonalidades de **Mi mayor** o **mi menor**, utilizando los grados **IV, III, II** y **I** de igual forma para un final mayor o menor.

60.- El transporte

Transporte es el cambio tonal de una partitura musical hacia una tonalidad distinta, con objeto de adecuarla a diferentes registros de voces o instrumentos, que no puedan ser interpretados en su escritura original.

Para efectuar un transporte es necesario conocer de antemano unos parámetros muy importantes que simplifiquen el procedimiento de esta mutación:

- Transportar la tonalidad, **no** la modalidad.

- Transportar solo entre modos (de mayor a mayor o de menor a menor). La diferencia de alteraciones (propias o accidentales) deberá ser igual para uno u otro modo.

■ Conocer con exactitud tonalidad y modalidad del original. En caso de duda (partituras atonales o fragmentos separados) observaremos, a través de la armadura de clave y alteraciones accidentales, la posible tonalidad que utilizaremos como punto de partida.

■ Establecer con seguridad el intervalo tonal existente entre el fragmento original y la tonalidad de destino, así como su direccionalidad ascendente o descendente. El transporte **ascendente** significa que vamos a una tonalidad más aguda que la original. **Descendente**, cuando nos dirigimos a una más grave que la original.

■ Saber exactamente cuántas **5ª en más** (+) o **en menos** (–) separan la tonalidad original de la resultante a transportar, en qué dirección se dirigen (ascendente o descendente) y campos de alteraciones como ♯ o ♭. Comprobar, además, si realmente el intervalo producido por estas quintas se corresponde con el intervalo al que debemos transportar la obra musical.

■ Se puede hacer el transporte a cualquier distancia interválica, siendo los más frecuentes el de semitono, el de 2ª mayor o menor y el 3ª mayor o menor.

El transporte puede ser escrito y oral o mental. El **escrito** es más sencillo y seguro porque disponemos de tiempo para escribir en el pentagrama la nueva notación y modificar con detalle las alteraciones accidentales. El transporte **mental** tiene mayores dificultades porque supone un cambio de clave. Mientras las notas originales permanecen en su sitio debemos modificar, a medida que leemos y según sea necesario, algunas de las alteraciones accidentales.

Para el transporte escrito tenemos que colocar la nueva armadura y, a continuación, escribimos los sonidos de la nueva tonalidad, calculando el intervalo ascendente o descendente al que debemos transportar esta obra. Las alteraciones accidentales, objeto de dificultad, no se copian al realizar el transporte, pero se reserva el espacio para su posterior inserción.

Una vez copiado el fragmento musical, y conocida la diferencia de quintas en + o en - , procedemos a comprobar y, en su caso, modificar solo las alteraciones accidentales, es decir, todas las que lleven cualquier signo de alteración.

Ejemplo de transporte escrito:

Hacemos un transporte de Re M a Mi M, es decir, una 2ª mayor ascendente (1 tono). En estas tonalidades hay una diferencia de 2 sostenidos (dos quintas en +). Como vamos de 2♯ a 4♯, hay 2 diferencias que afectan a las **alteraciones accidentales fa y do** (según el orden de los ♯), elevando las mismas un semitono cromático, ya que vamos de menos a más (♯). En las alteraciones accidentales el bemol pasa a ser becuadro, el becuadro pasa a sostenido y el sostenido a doble sostenido.

Por el contrario, si realizamos el transporte de Mi M a Re M, al pasar de 4 a 2 sostenidos (dos quintas en -), las diferencias son 2, pero en sentido descendente, en el orden de los bemoles (**si** y **mi**), bajando un semitono cromático: el doble sostenido pasa a ser sostenido, el sostenido a becuadro y el becuadro a bemol.

Entendemos por **diferencias** las alteraciones que se modifican en la armadura, al cambiar de la tonalidad original a la nueva tonalidad. Estas diferencias se hallan sumando o restando según una regla:

■ Se **suman**. Si pasamos de una tonalidad con bemoles a sostenidos; de sostenidos a bemoles; de 0 alteraciones a sostenidos; de 0 alteraciones a bemoles:

2♯ + 2♭ = 4 diferencias

0 + 2♯ = 2 diferencias

0 + 2♭ = 2 diferencias

■ Se **restan**. Si pasamos de más sostenidos a menos sostenidos; de más bemoles a menos bemoles:

4♯ - 2♯ = 2 diferencias

3♭ – 1♭ = 2 diferencias

El siguiente diagrama nos facilita su comprensión, ya que estas diferencias irán en el orden de los sostenidos o de los bemoles. Siempre que la dirección sea de izquierda a derecha, de más bemoles a menos bemoles (en dirección hacia los sostenidos), las diferencias van en el orden de los ♯: fa, do, sol, re, la, mi, si. Si la dirección es de derecha a izquierda, de más sostenidos a menos (hacia los bemoles), las diferencias se cuentan en el orden de los ♭: si, mi, la, re, sol, do, fa.

Bemoles →

← **Sostenidos**

Tonalidades														
7♭	6♭	5♭	4♭	3♭	2♭	1♭	0	1#	2#	3#	4#	5#	6#	7#

Si el transporte es **mental**, es obligado el cambio de clave.

En el ejemplo anterior, la tónica mi pasa a ser re, por lo que leeremos el fragmento en clave de Do en 4ª, y se tendrán en cuenta las alteraciones accidentales solo para las notas si y mi:

Tomamos como referencia la tónica (mi) que pasa a ser re, tónica del nuevo tono. Sabemos que la nueva clave es Do en 4ª si contamos desde re en 1ª linea hacia arriba.

La altura real sería una octava más alta. Se produce lo que se llama "falseamiento de octava": lo que consideramos una 2ª, en realidad es un transporte de 9ª.

El transporte de semitono cromático es más sencillo. No cambian ni la clave ni las notas, solamente la armadura y siempre las alteraciones accidentales serán 7.

61.- La lectura e interpretación de los instrumentos transpositores

En relación a la **lectura e interpretación de los instrumentos transpositores**, hay que estimar **3** factores:

- Tono de afinación
- Tono de escritura
- Tono de efecto o resolución

	1	2	3	4	5	6	7	8	9	10	11	12
4	Mi	Fa	♯ - ♭	Sol	♯ - ♭	La	♯ - ♭	Si	Do	♯ - ♭	Re	♯ - ♭
3	♯ - ♭	Mi	Fa	♯ - ♭	Sol	♯ - ♭	La	♯ - ♭	Si	Do	♯ - ♭	Re
2	Re	♯ - ♭	Mi	Fa	♯ - ♭	Sol	♯ - ♭	La	♯ - ♭	Si	Do	♯ - ♭
1	♯ - ♭	Re	♯ - ♭	Mi	Fa	♯ - ♭	Sol	♯ - ♭	La	♯ - ♭	Si	Do
5	**DO**	♯ - ♭	Re	♯ - ♭	Mi	Fa	♯ - ♭	Sol	♯ - ♭	La	♯ - ♭	Si
1	Si	Do	♯ - ♭	Re	♯ - ♭	Mi	Fa	♯ - ♭	Sol	♯ - ♭	La	♯ - ♭
2	♯ - ♭	Si	Do	♯ - ♭	Re	♯ - ♭	Mi	Fa	♯ - ♭	Sol	♯ - ♭	La
3	La	♯ - ♭	Si	Do	♯ - ♭	Re	♯ - ♭	Mi	Fa	♯ - ♭	Sol	♯ - ♭
4	♯ - ♭	La	♯ - ♭	Si	Do	♯ - ♭	Re	♯ - ♭	Mi	Fa	♯ - ♭	Sol
5	Sol	♯ - ♭	La	♯ - ♭	Si	Do	♯ - ♭	Re	♯ - ♭	Mi	Fa	♯ - ♭
6	♯ - ♭	Sol	♯ - ♭	La	♯ - ♭	Si	Do	♯ - ♭	Re	♯ - ♭	Mi	Fa
7	Fa	♯ - ♭	Sol	♯ - ♭	La	♯ - ♭	Si	Do	♯ - ♭	Re	♯ - ♭	Mi

Figura 9.1. Cuadro resumen de los tonos de afinación

Las notas de la columna **1** resaltan el **tono de afinación** de los distintos instrumentos transpositores. Las afinaciones más empleadas son: Mi♭ (fila 2), Re (fila 3), Si (fila 6), Sib (fila 7), La (fila 8), Sol (fila 10), Fa (fila 12).

La nota **Do** de la columna **1** y fila **5** corresponde al tono **universal** de afinación para todos los instrumentos **no** transpositores.

Conocido el tono de afinación del transpositor, calculamos el intervalo resultante entre la nota **Do** y la del tono de afinación, este intervalo ascendente o descendente nos proporciona el tono de efecto o **sonido real**. A continuación, comprobaremos que la diferencia entre **Do** y el tono de afinación sea simétrica escalísticamente, por lo que trazaremos líneas verticales imaginarias para saber el sonido real de los distintos sonidos.

Para conocer el tono de escritura utilizaremos el procedimiento inverso: si el instrumento suena por encima de la nota **Do**, el transporte se efectuará a la misma distancia interválica en dirección descendente; si el sonido es por debajo de la nota **Do**, el transporte lo realizaremos con igual distancia interválica, pero en sentido ascendente[49].

En la siguiente tabla podemos apreciar:

- Columna 1: la nota de afinación del instrumento transpositor

- Columna 2: la distancia en quintas en más o en menos, entre la nota de afinación del instrumento y el Do universal

- Columna 3: el intervalo de lectura o efecto que se aplica

- Columna 4: el intervalo de escritura que figura en partitura

- Columna 5: la clave que permite la lectura facilitada de un instrumento transpositor[50]

---

[49] El asterisco representa la nota cromática (fa♯-sol♭) que hay entre dos sonidos separados por un tono.

[50] **El orden de los sonidos de la columna 1 no es definitivo, sino que mantiene un orden escalístico. Los intervalos de lectura y escritura (columnas 4 y 5) se pueden invertir y su resultado será exactamente igual.**

1	2	3	4	5
Afinación del instrumento	**Ref afinación universal Do:**	**Intervalo de lectura**	**Intervalo de escritura**	**Clave de lectura**
Mib	3 quintas -	3ª m asc	3ª m desc	Fa 4ª
Re	2 quintas +	2ª M asc	2ª M desc	Do 3ª
Do	**Do**	**Do**	**Do**	**Do**
Si	5 quintas +	2ª m desc	2ª m asc	Do 4ª
Sib	2 quintas -	2ª M desc	2ª M asc	Do 4ª
La	3 quintas +	3ª m desc	3ª m asc	Do 1ª
Sol	1 quinta +	5ª J asc	5ª J desc	Fa 3ª
Fa	1 quinta -	5ª J desc	5ª J asc	Do 2ª

Figura 9.2. Afinaciones de instrumentos transpositores

Clave de **Do** en **3ª:**	**2ª** ascendente	o	**7ª** descendente	Resultado del intervalo original y su inversión: **Octava justa**
Clave de **Do** en **4ª:**	**2ª** descendente		**7ª** ascendente	
Clave de **Fa** en **4ª:**	**3ª** ascendente		**6ª** descendente	
Clave de **Do** en **1ª:**	**3ª** descendente		**6ª** ascendente	
Clave de **Fa** en **3ª:**	**5ª** ascendente		**4ª** descendente	
Clave de **Do** en **2ª:**	**5ª** descendente		**4ª** ascendente	

Figura 9.3. Efecto interválico de las claves de Fa y de Do respecto a la de Sol

La suma de las distancias interválicas resultantes en cada fila es, en todos los casos, la **8ª justa**.

10

NOTAS DE ADORNO

62.- Las notas de adorno

Carentes de importancia vital dentro en un proceso armónico o melódico, la función de las **notas de adorno** es puramente ornamental; es decir, **no son notas armónicas**.

Existen diversas notas de adorno, pero referiremos solo las siguientes:

- nota de paso y doble paso [51]
- floreo y doble floreo
- retardo
- apoyatura y doble apoyatura
- anticipación
- elisión

La **Nota de paso (np)** se coloca siempre en parte **débil** y en cualquiera de las voces de una obra armonizada. Aparece entre otras dos que forman intervalo de **3ª**, de tal forma que desaparezca ese salto y la melodía contenga dos intervalos de **2ª** por grados conjuntos.

---

[51] Inclusive, triples pasos.

Las notas de doble y/o triple paso aparecen cuando el salto interválico es de **3ª** o de **4ª;** en este caso, son necesarias dos notas conjuntas para eliminar esa **3ª** o **4ª**.

Se puede colocar igualmente la **np** entre dos acordes diferentes, siempre que ambos contengan dos notas comunes que permitan la inclusión de esta **np** (ej. 10.1, cc. 5).

Figura 10.1. Ejemplo de notas de paso

El **floreo (fl)** es una nota que toma valor de otra nota principal y se coloca siempre en parte **débil** a distancia de **2ª** mayor o menor, superior o inferior de la nota principal, y crea melodía mientras se mantiene el sonido del acorde.

El **doble floreo (dfl)** utiliza la nota superior y luego la inferior o viceversa, creando en el **centro** un intervalo de **3ª**. Igual que la **np**, puede estar presente en cualquiera de las voces armónicas (ej. 10.2, cc. 4-5).

Figura 10.2. Ejemplo de floreos

El **retardo (r)** consiste en una nota perteneciente a un acorde que prolonga su sonido hasta el acorde **siguiente**, atrasando así la audición de la nota real y creándose una **nota extraña** en el 2º acorde.

El retardo precisa preparación, percusión y resolución. La nota retardada se oye en la voz anterior (preparación) y esta tiene que ser, como mínimo, del mismo valor. Percute al pasar al acorde siguiente (mediante ligadura) creándose una nota extraña con respecto al nuevo acorde, resolviendo posteriormente cuando forma parte del acorde.

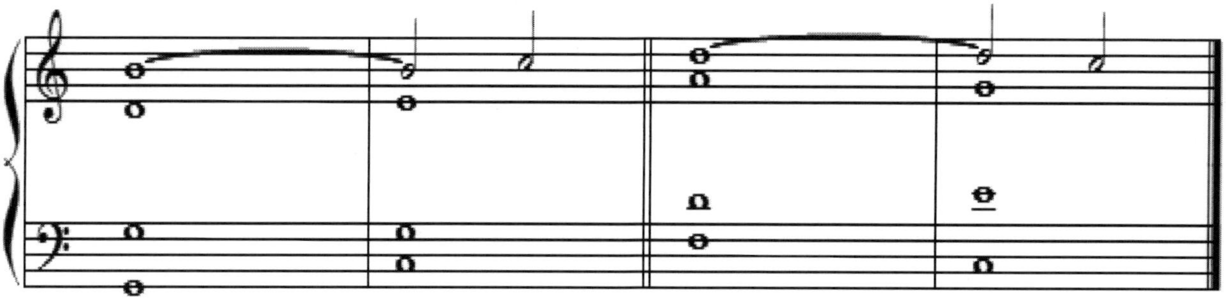

Figura 10.3. Ejemplo de retardos

La **apoyatura (ap)** es una nota que se coloca a distancia de **2ª** mayor o menor, superior o inferior de la nota principal, siempre en parte o fracción **fuerte**. La **ap** no tiene valor propio, sino que lo asume de la nota real: si la división o subdivisión de la nota principal es binaria, se le resta la mitad (ej. 10.4, cc. 1-2) y, si es ternaria, se le restan las dos terceras partes (ej. 10.4, cc. 3-4).

La doble **apoyatura (dap)** tiene iguales características que la **ap**, pero comienza por la nota **inferior** y luego la **superior** o viceversa, con lo que entre ambas se produce un intervalo de tercera, similar al del **doble floreo** (ej. 10.4, cc. 5-6).

Figura 10.4. Ejemplo de apoyaturas

La **anticipación (an)** es una nota que pertenece al acorde siguiente, pero produce su sonido en el acorde presente, aunque suene en distinta voz, de tal forma que **anuncia** el siguiente acorde. Puede estar colocada en parte débil o fuerte (ej. 10.5, cc. 1-2).

La **elisión**, nota escapada o nota de **Fux**, no pertenece al acorde que la contiene ni al siguiente (ej. 10.5, cc. 3-4).

Figura 10.5. Ejemplo de anticipación y elisión

11

MODULACIÓN

63.- La modulación

Para realizar el análisis de una obra musical es imprescindible conocer el análisis armónico, es decir, la tonalidad de la composición, las regiones armónicas y las modulaciones. No vamos a hacer un estudio minucioso de ello, pues esto correspondería a un tratado de armonía, pero sí vamos a recordar ciertos aspectos generales sobre la modulación.

Llamamos **modulación** al cambio de una tonalidad a otra por medio de acordes. Cuando observamos alteraciones que no corresponden a la tonalidad en función, un giro melódico propio de otro tono, un reposo que indica una tónica diferente, habrá modulación. Es frecuente que la nueva tonalidad esté precedida por un acorde de dominante en el caso de la música tonal.

Recordemos que las tonalidades relativas o vecinas son las que tienen una alteración en más, una alteración en menos y el relativo mayor o menor según el tono de partida (por tener la misma armadura). En total son 5. Se llaman así porque tienen varias notas en común. Por ejemplo: **Do** mayor tiene como relativo **la** menor (misma armadura); **Sol** mayor y **mi** menor tienen una alteración en más (1# en la armadura); **Fa** mayor y **re** menor tienen una alteración en menos (1♭ en la armadura).

---

[52] También III de la menor y VII de re menor, escala natural.

En el ejemplo siguiente (acorde de tónica de Do M[52]) se observa que un mismo acorde puede pertenecer a varias tonalidades pero con funciones diferentes. Reciben el nombre de **acordes mixtos**. En el momento de modular, este acorde forma parte de dos tonalidades diferentes.

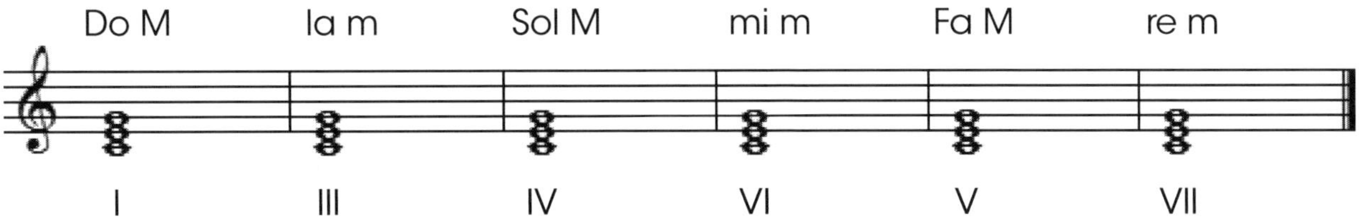

Modulación a tonos relativos:

■ Por acorde mixto:

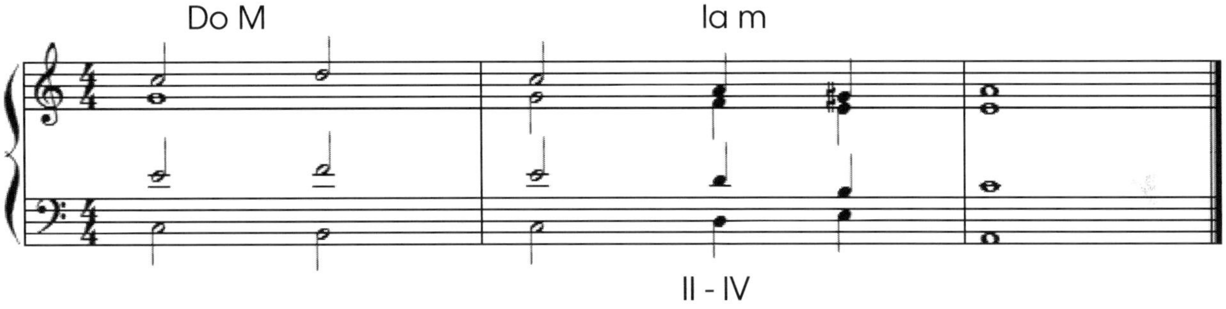

El acorde de II de Do M es el IV de La m.

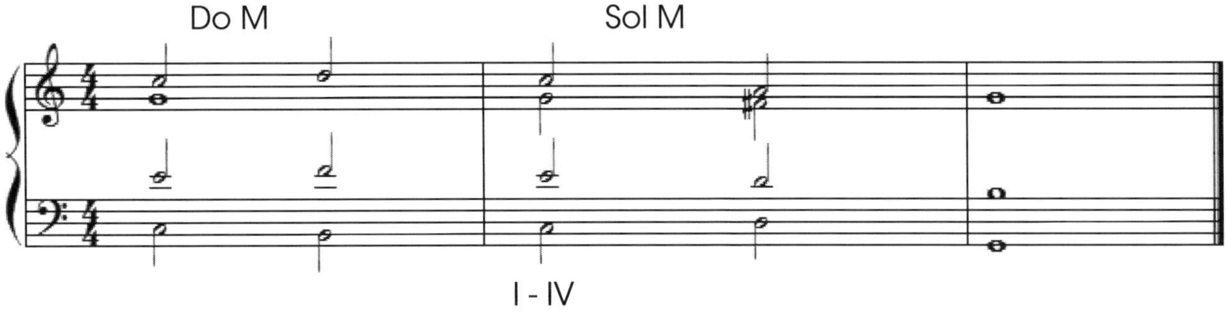

El acorde de tónica de Do M pasa a ser el IV de Sol M.

■ Por cromatismo:

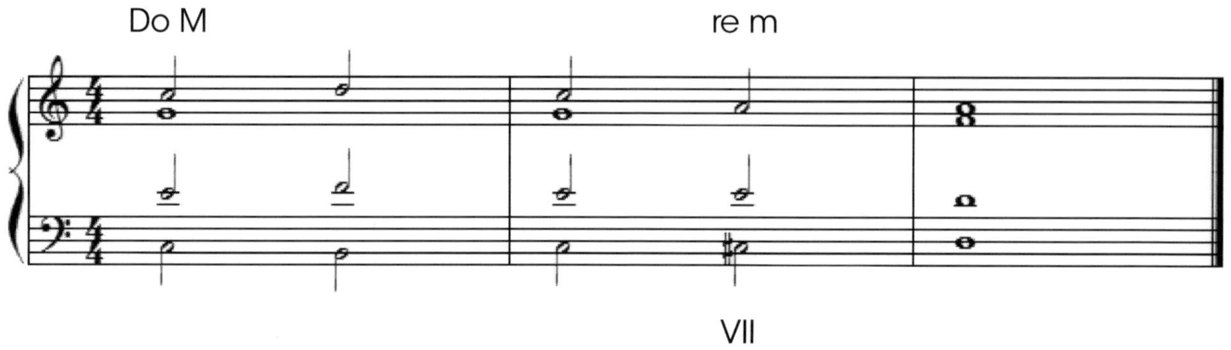

Modulación fácil de reconocer. La nota alterada casi siempre es la sensible del nuevo tono y tiene función de dominante (V en 1ª inversión). Nos sirve también para modular a **tonos lejanos**.

En el ejemplo pasamos a Re M, con dos sotenidos en la armadura.

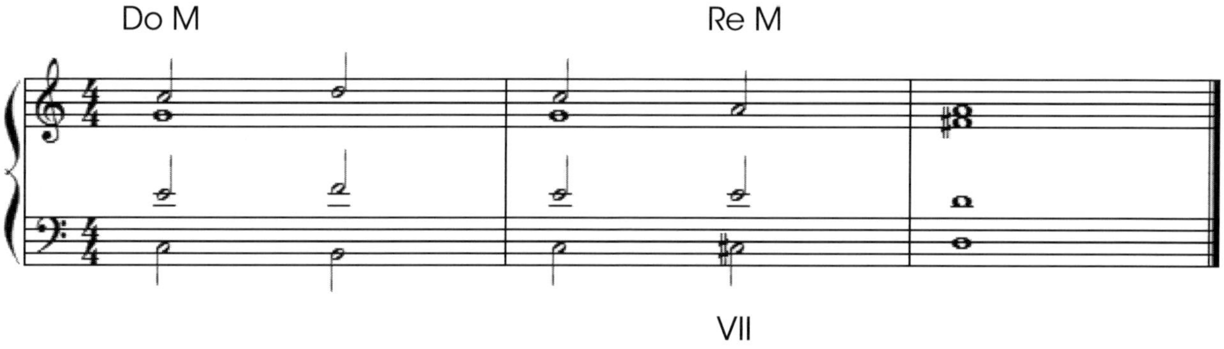

■ Modulación por cambio de 3ª M a 3ª menor y de 3ª m a 3ª M, en acordes de 5ª:

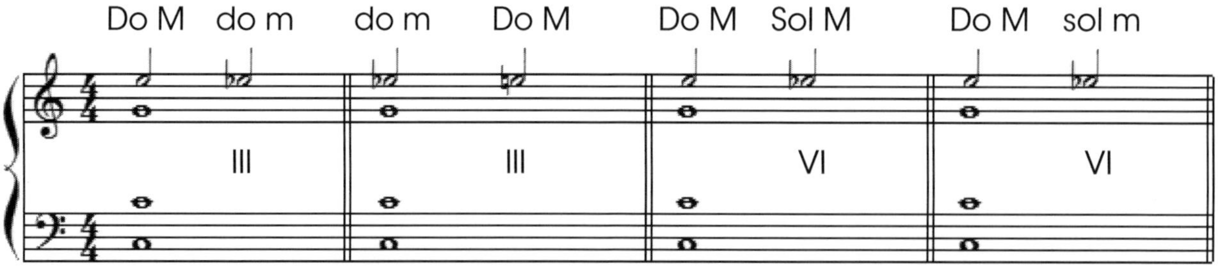

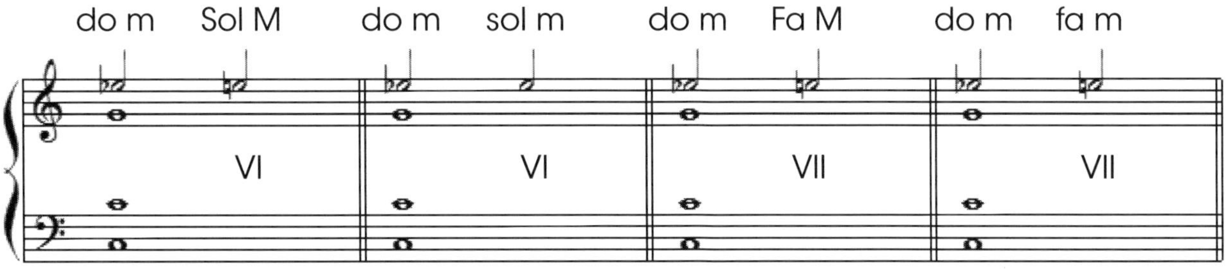

La 3ª alterada desempeña diferente función: III, VI y VII, como se ve en el ejemplo anterior.

■ Modulación por terceras:

Se realiza con el enlace de dos acordes de quinta en estado fundamental. El movimiento de 3ª en el bajo tiene muchas posibilidades de modulación, tanto a tonos vecinos como lejanos. Las terceras pueden ser mayores (2 tonos) o menores (tono y medio). Las más usuales son I-I; I-V; V-V.

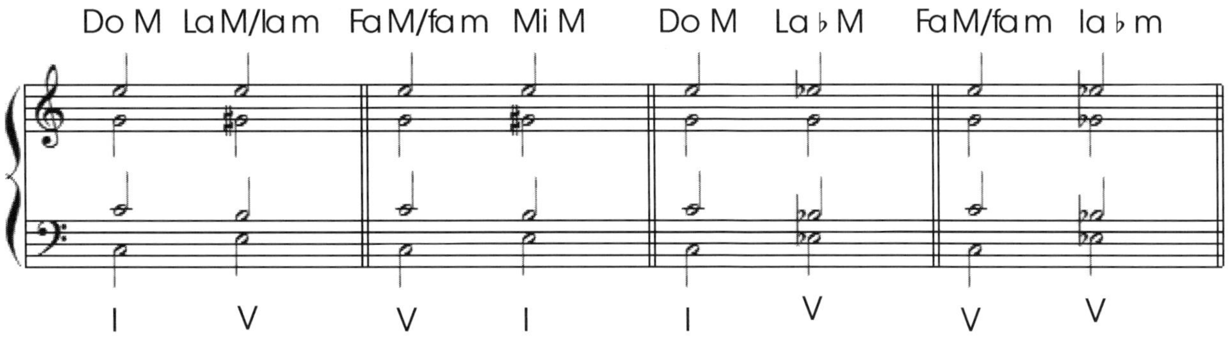

Por supuesto, también se realiza con terceras descendentes y con movimientos de 6ª en el bajo (inversión de la 3ª).

■ Modulación por enarmonía:

Mediante esta modulación, pasamos de una tonalidad a otra enarmonizando uno o más sonidos de un acorde con el siguiente. Se puede realizar en casi todos los grados de la escala. También puede estar en inversión.

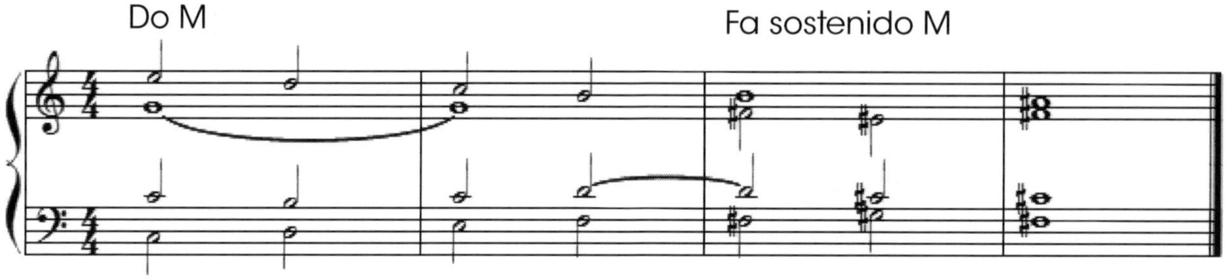

Se enarmoniza la nota fa del 2º compás como mi♯ (sensible del nuevo tono).

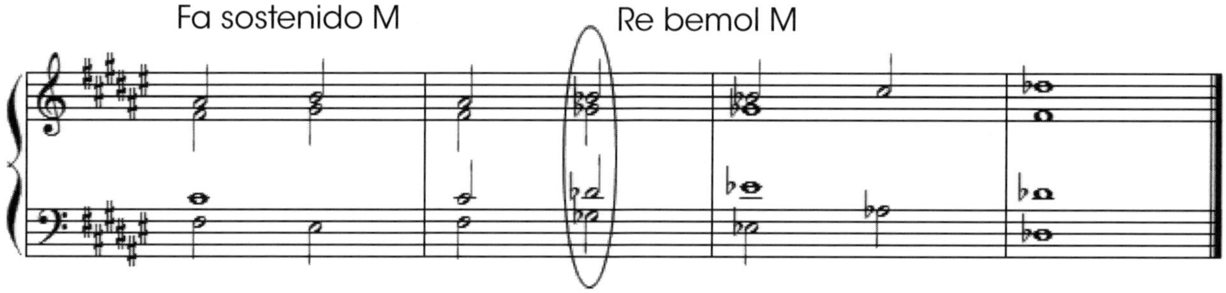

En este ejemplo, el acorde de I de Fa# M enarmoniza todas las notas con el IV de Reb M, con acordes de 5ª.

El acorde por excelencia para este tipo de modulación es el **acorde de 7ª disminuida** (constituido por 3ª menores, tanto en su estado fundamental como en sus inversiones), que nos permite modular nada menos que a 24 tonalidades[53].

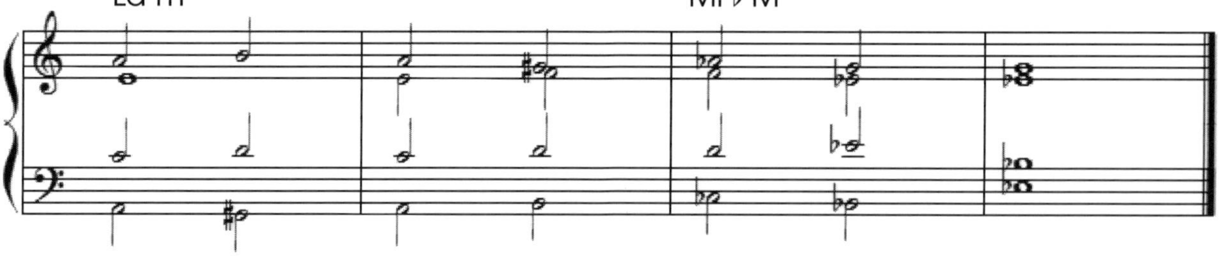

La modulación se hace con la 7ª disminuida de La m, 1ª inversión y 7ª disminuida de Mib mayor en 3ª inversión.

---

53 Véase p. 142 y ss., donde se ha explicado con detalle todo lo referente a este acorde.

12

IDIOMAS: NOTAS Y SIGNOS

64.- Los idiomas

La equivalencia de términos en francés e italiano se memoriza por la similitud con su vocablo en español. En alemán, agregamos al nombre de una nota la terminación "is" para el ♯ y "s" o "es" para el bemol; en inglés son sharp (♯) y flat (♭).

Signos	Francés	Italiano	Alemán	Inglés
sostenido	dièse	diesis	is	Sharp
bemol	bémol	bemolle	s / es	Flat
becuadro	bécarré	bequadro	quadrat	natural
doble sostenido	double dièse	doppio diesi	doppelkreuz	double sharp
doble bemol	double bémol	doppio bemolle	doppelbe	double flat
modo mayor	majeur	maggiore	dur tonart	major
modo menor	mineur	minore	moll tonart	minor

En alemán, como en inglés, se utiliza la nomenclatura en orden alfabético para los nombres de notas, con una diferencia básica: en alemán la letra B representa a la nota Sib, mientras que la misma letra B en inglés representa la nota Si.

En **alemán** a la nota bemolada se le agrega una **S** si es **la** o **mi** y para las restantes notas se agrega **Es**.

En **francés** e **italiano** los nombres de notas son iguales que en español, pero en **francés** la nota **Do** se denomina **Ut**.

Alemán	Nota	B	#		Inglés	Nota	♭	#
A	LA	As	Ais		A	LA	A flat	A sharp
B	SI ♭	B	-		B	SI	B flat	B sharp
C	DO	Ces	Cis		C	DO	C flat	C sharp
D	RE	Des	Dis		D	RE	D flat	D sharp
E	MI	Es	Eis		E	MI	E flat	E sharp
F	FA	Fes	Fis		F	FA	F flat	F sharp
G	SOL	Ges	Gis		G	SOL	G flat	G sharp
H	SI	-	His					
S	MI ♭	-						

65.- Signaturas

Existe una técnica compositiva basada en la utilización de los sonidos usando la nomenclatura anglosajona y alemana, donde la notación musical se representa a través de las primeras notas del alfabeto:

A (la), B (si♭), C (do), D (re), E (mi), F (fa), G (sol), H (si)

Compositores como Bach, Schumann, Brahms o Alban Berg han empleado esta forma de composición, creando bellas obras de interés musical que, a su vez, contienen un mensaje oculto, a veces en forma de su propia firma, que recibe el nombre de criptograma musical.

Autor	Notas	Explicación
Bartók, Bela	si la si mi	**B A** r t ó k, **B E** l a (tradición húngara)
Berg, Alban	si♭ mi	**B E** r g
Berg, Alban	la si♭ si fa	Con Hanna Fuchs (**A.B.** y **H.F.**) en Suite Lírica
Cage, John	do la sol mi	En su obra "**C A G E** Dead"
Schoënberg, Arnold	mi♭ do si si♭ mi sol	**S C H** o ë n **B E** r **G**
Schubert, Franz	fa mi♭ do si	**F. S C H** u b e r t
Schumann, Robert	la si mi sol sol	Variaciones **A B B E G,** para Meta Abbeg
Schumann, Robert	la mi♭ do si	Enlaza con Ernestine von Fricken, nativa de **A S C H**
Schumann, Robert	la♭ do si	Mismas letras en su apellido
Shostakovich, Dmitri	re mi♭ do si	Las notas **D. S** h o s t a k o v i **C H** [54]
Webern, Anton von	mi si♭ mi	**W E B E** r n

[54] SHOSTAKOVICH, en su Décima sinfonía, **I** mov, propone un *cantus firmus* al estilo Bach, con las notas **D** S h o s t a k o v i **C H**.

13

VOCABULARIO

66.- Vocabulario terminológico

El presente trabajo está concebido para facilitar la búsqueda de elementos que participan en un análisis de partituras y/o audición, con cierto orden, aportando un **vocabulario terminológico preciso** para la redacción de un comentario analítico o auditivo.

El orden presentado no es definitivo, ni necesaria la búsqueda de todos los epígrafes citados. Por tanto, el comentario puede ser realizado de forma exhaustiva, aunque no incluya toda la terminología.

Sugerimos realizar un índice de los apartados propuestos para mantener una búsqueda exitosa, porque según la/s obra/s objeto de análisis, será posible aplicar algunos u otros temas.

Los apartados propuestos y desarrollados son: **textura, melodía, armonía, dinámica, sonido, ritmo y obra,** y mantienen este orden.

■ **Textura**: instrumentos, voces, timbres, desarrollo en conjunto o en diálogos, disposición de timbres por pasajes o en el despliegue de la obra.

En cuanto al contorno melódico buscaremos: homofonía, homorritmia, acordes, polifonía, contrapunto, fuga, polaridad entre melodía y bajo, ámbito [índices acústicos], y texturas por secciones: masiva [en acordes] o lineal [melódica o arpegiada].

En cuanto a los **contrastes** podremos buscar si la textura es: densa-ligera, estrecha-amplia, alta-baja, simple-compleja, activa-estable, abrupta/gradual, suave.

■ **Melodía**: ascensos/descensos; grados conjuntos y/o disjuntos; plana/ ornamentada; clímax sonoros [*grave y agudo*]; simetría entre puntos altos; mayoría melódica vocal o instrumental; ámbito grave/agudo [*índices acústicos*]; equilibrio melódico; cantabile o instrumental; diatónica, cromática, enarmónica, pentáfona, hexátona, modal, exótica; nivelada, ondulada, quebrada; ideas melódicas; inversiones de diseños; interválicas en imitaciones y secciones; puentes; imitaciones, ampliaciones, reducciones, ecos; relación tonalidad-modalidad.

■ **Armonía**: relación **I-V**; **M - m;** importancia de tónica y/o domimante, respecto a otros acordes; comprobar si las modulaciones son tensionales o coloristas; comprobar si, además de cadencias, buscan elementos de puntuación; el desarrollo armónico puede ser acordal o contrapuntístico; en los acordes, posición cerrada o abierta; relaciones tonales oscuras (♭) o luminosas (♯); armonía coloristíca o tensional; consonante/disonante; activa/estable; uniforme/variada; diatónica, cromática, modal, por $\mathbf{4}^{as}$, exótica; cadenas direccionales; tipos de cadencias y modulaciones; tonalidad bifocal; cromatismos, notas de adorno; acordes principales, secundarios, remotos.

Respecto al **fondo armónico**, los pedales pueden ser:

a	**pedal superior:**	
b	**pedal interior:**	 
c	**pedal inferior:**	
d	**doble pedal:**	
e	**pedal discontinua:**	
f	**pedal implicada:**	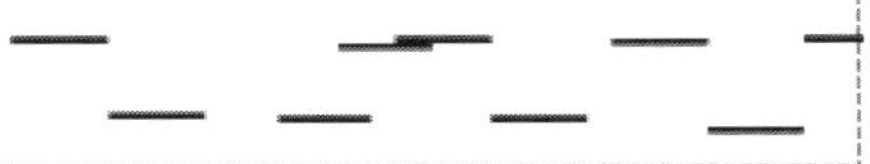

■ **Dinámica**:

1) ═══ = neutro, inexpresivo (ej. órgano)

2) < = crecimiento que estimula la atención, provoca tensión

3) > = familiar "auditivamente" (ej. piano)

4) <> = estimula la atención, sensible, agitado, decrece...

(percusión, vientos, cuerdas, voz)

■ **Sonido**: **contrastes** de matices **FF/pp**; contraste entre orquesta/solista/s; contraste de timbres vocales/instrumentales; **dinámicas** en terraza [escalonadas] o pendientes [en bloques]; **intensidad** del sonido, textura o trama; disposición de los timbres, por pasajes o en el despliegue de la obra; **tipologías**: homofonía, homorritmia, acordes; polifonía, contrapunto, fuga; relación melodía-bajo, melodía-acompañamiento; textura por secciones: masiva [en acordes] o lineal (melódica); cantabile/instrumental, denso/ligero, estrecho/amplio, alto/bajo, sonoro/suave, simple/complejo, activo/estable, abrupto/gradual.

■ **Ritmo**: estable/inestable; clímax dinámico; selección métrica de compases; función rítmica; ritmo de superficie/ritmo subyacente; regular o irregular; tético, acéfalo, anacrúsico; a tempo, sincopado o contratiempo; finales masculinos o femeninos; diferenciado por: figuras, saltos interválicos, contorno; tensión [aceleración] o distensión [desaceleración]; diferencia tempo-metro; construcción de diseños; cuatro opciones rítmicas: repetición, desarrollo, respuesta, contraste.

■ **Obra**: simple/compleja; época próxima/remota; ligera/densa; desordenada/ordenada; estable/activa; relajada/intensa; difusa/concentrada.

Nota: lo explicado anteriormente no limita las posibilidades de búsqueda.

67.- Síntesis para un Comentario Analítico

■ **Sonido**:

- Timbre: selección, combinación, grados de contraste instrumentos/voces.
- Ámbito: tesitura, efectos especiales, idioma, articulación de superficie.
- Textura: duplicación, superposición, contraste de componentes, homófona, cantus firmus, contrapuntística, solo/tutti, melodía/bajo continuo.
- Dinámicas: en terraza, pendiente, implicadas por instrumentación o su ámbito, frecuencia.

■ **Armonía**:

- Funciones principales, color, sonido.
- Etapas Tonales, lineal, modal, bifocal, unificada, cromática.
- Ritmo Armónico, rápido o lento, acórdico o arpegiado, de inflexión, de tonalidad, rutas modulantes.
- Acordes, directos, indirectos, secundarios, disonancias, progresiones, cascadas de 5as, secuencias.
- Intercambios, aumentaciones/disminuciones, contrapunto, imitaciones, canon, fuga.

■ **Melodía**:

- Ámbito: modo, tesitura, vocal/instrumental.
- Movimiento: grandes saltos, movimiento cromático/diatónico, activo/estable, articulado/continuo, grados conjuntos/disjuntos.

- Diseños: ascendentes, descendentes, nivelados, ondulados, quebrados.
- Dimensión: puntos agudos y graves, máximos y mínimos.

■ Forma:

Solista, cámara, vocal, vocal-instrumental, sinfónico, coral, sinfónico-coral, operístico, formas consagradas.

68.- Audición-Características

Para lograr el reconocimiento auditivo de una obra musical es necesario un conocimiento mínimo de historia de la música, épocas y estilos, formaciones musicales, timbres instrumentales, géneros de obras, formas consagradas, *tempos* y ritmos. Por supuesto, esta lista no agota las necesidades de conocimientos, pero se verá incrementada con un trabajo empírico y sistemático de audición.

Es necesaria una propuesta mínima de objetivos perseguidos al efecto, que son citados a continuación, y su orden no es necesariamente definitivo ni único; podemos alterarlo, agregar o suprimir parámetros:

Orquestación	Autor
Voces humanas	Tempo
Instrumentos protagonistas melódicos	Ritmo
Instrumentos acompañantes	Instrumento/s solista/s
Esquema de la exposición	Familia instrumental
Forma	Tonalidad
Estilo	Modulaciones

Las prácticas de audición pueden comenzar tanto con obras de solistas o grupos de música de cámara pequeños o por música sinfónica, en la cual podamos distinguir los diversos timbres y familias de instrumentos.

Otro aspecto a determinar es la elección del repertorio. Es necesario poner en conocimiento del oyente el sistema que se aplicará, los detalles que se deben observar, el número de repeticiones a efectuar y diferenciar los términos **oír-escuchar**.

En el caso de comenzar por obras orquestales, deben especificarse cada una de las familias de instrumentos y sus componentes, mediante teoría, nociones de organología y audiciones tímbricas. El material existente en el mercado es muy amplio y diverso.

La primera familia para determinar puede ser la cuerda, por la facilidad de conocimientos visuales. Es, a su vez, la que participa en mayor número de obras y casi siempre es la encargada de exponer los temas principales.

La proposición concreta de comienzo de prácticas de audición parte de música sinfónica, por su facilidad en el reconocimiento organológico, y a su vez, formal.

Las obras a elegir pueden ser de autores como Haendel, y/o Mozart, por su facilidad de seguimiento temático y orquestal. La forma puede ser suite o sinfonía.

BIBLIOGRAFÍA

Blanquer Ponsoda, A. (1989). *Análisis de la forma musical*. Música Piles: Valencia

Calvo Manzano, A. (1991). *Acústica físico-musical*. Real Musical: Madrid

Cattoi, B. (1992). *Apuntes de acústica y escalas exóticas*. Ricordi: Buenos Aires

Chávarri, Eduardo L. (1949). *Vademecum Musical*. Selecciones Gráficas: Madrid

Forte, A. y S. E. Gilbert (1992). *Introducción al análisis schenkeriano*. Labor: Barcelona

Hindemith, P. (2007). *Armonía tradicional*. Melos/Ricordi Americana: Buenos Aires

Hindemith, P. (2006). *Adiestramiento elemental para músicos*. Melos/Ricordi Americana: Buenos Aires

La Rue, J. (1989). *Análisis del estilo musical*. Labor: Barcelona

Lerdahl, F. y R. Jackendoff (2003). *Teoría generativa de la música tonal*. Akal: Madrid

Lester, J. (2005). *Enfoques analíticos de la música del s. XX*. Akal: Madrid

Locatelli de Pérgamo, A.M. (1972). *La notación de la música contemporánea*. Ricordi: Buenos Aires

---

Incluimos en este apartado aquellos libros que aparecen citados a lo largo del texto, así como otros de obligada referencia para profundizar en los materiales aportados en este libro. En cualquier caso, hemos pretendido que sea una lista breve y condensada de importantes trabajos que sienten las bases para un buen desarrollo del análisis musical.

Lorenzo de Reizábal, M. y A. Lorenzo de Reizábal (2009). *Análisis Musical. Claves para entender e interpretar la música: Estudio del análisis morfosintáctico de la música.* Boileau: Barcelona

Lussy, M. (1981). *El ritmo musical. Su origen, función y acentuación.* Ricordi: Buenos Aires

Mantecón, J.J. (1957). *Introducción al estudio de la música.* Labor: Barcelona

Marchand, A. (1990). *Funciones estructurales de la armonía.* Labor: Barcelona

Moser, H.J. (1965). *Teoría general de la música.* México DF: Unión Tipográfica Editorial Hispano-Americana.

Perle, G. (2005). *Composición serial y atonalidad: una introducción a la música de Schönberg, Berg y Webern.* Idea Books: Barcelona

Riemann, H. (1952). *Armonía y modulación.* Labor: Barcelona

Schoenberg, A. (1979). *Tratado de armonía.* Real Musical: Madrid

Schoenberg, A. (1989). *Fundamentos de la composición.* Real Musical: Madrid

Willems, E. (1979). *Las bases psicológicas de la educación musical* (4ª ed.). Buenos Aires: Editorial Universitaria de Buenos Aires

Willems, E. (2001). *El oído musical: la preparación auditiva del niño.* Paidós Ibérica: Barcelona

Willems, E. (1993). *El ritmo musical.* Universitaria Buenos Aires: Buenos Aires

Notas